中小企業も実践できる

従業員エンゲージメントの教科書

志田 貴史 著
Takashi SHIDA

中央経済社

はじめに

「わが社も働きがいを向上させようとエンゲージメント調査を行ったものの，その後何をすればいいのか，さっぱりわからないんです。」

このような声を，もう何回，いえ何百回と聞いてきました。「**エンゲージメントの調査結果を活かすことができていない**」という回答が84％。これは弊社のエンゲージメントセミナーの参加者へ，セミナー時にアンケートをとったときの回答結果です。

現在，多くの会社で"エンゲージメント"向上への取組みが活発になっています。一方でその最初の一歩になるエンゲージメントの調査で足踏みをしており，「**肝心の改善や向上に向けたアクションにつながっていない**」。このような悩みや解決依頼が弊社に数多く寄せられています。

世界の潮流を見渡すと，欧米を中心に，人をコストではなく資産とみなす「**人的資本**」を重視した投資や企業経営が，スタンダードになりつつあります。

日本においても「人への投資」という大きな政策のもと「**人的資本経営**」を推奨する動きが加速。2023年3月期の決算を迎える上場企業から，「人的資本」の開示が義務化されました。

この人的資本で中核となるのが，本書で解説する「従業員エンゲージメント」です。よって今後ますますエンゲージメントへの取組みは加速していくことでしょう。だからこそ冒頭のような，迷走している状態に陥ってほしくないのです。

エンゲージメントの取組みで，落とし穴に落ちてしまう理由は大きく2つあります。1つは，エンゲージメントの調査自体に問題があること。人の体で例えると，健康診断自体に問題があり，必要充分なデータや結果また原因が確認できないというケースです。

　2つ目は，エンゲージメントの課題を解決していくための技術・ノウハウ・処方箋が不足していること。人の体で例えると，健康診断後に処方箋や治療計画が示されなかったり，自身で立案できない状態に陥っているケースです。

　人と人との関係性を表す考え方として，「信頼残高」という言葉があります。人として相応しい行動が積み重なると「信頼」という名の残高が増え，この残高があれば，困ったときに周囲の人たちから救いの手が差し伸べられる。逆に，人として相応しくない行動をとってしまうと，「信頼」という名の残高が減少。その結果，周囲の人たちからの支援やサポートが得られず窮地に陥る。顧客との関係も同様で，これを「ブランド」といってもいいでしょう。

　従業員と会社の関係性も同じことがいえ，私はこれを「**愛社残高**」といっています。従業員が自分の会社や仕事に愛着や貢献心を寄せる「愛社残高」。これが高ければ，会社が考えている方向に従業員を向かわせることは容易になります。その結果，**生産性やパフォーマンスは上がり，人材の定着率も向上し，経営のグッドサイクル（好循環）が回り始める**のです。

　逆に「愛社残高」が低いと，**笛吹けども踊らず**。会社の方針がなかなか実行されず，生産性も上がるはずはなく，最終的に従業員は離職を選択。**経営のバッドサイクル（悪循環）**が生まれてしまいます。このようなバッドサイクルが回るようではいけません。

　そしてこの「愛社残高」のカギを握っているのが，本書で解説する「エンゲージメント」です。

　特に今日本全国の会社で経営課題となっているのが，「人手不足」と「採用難」。

　苦労してコストをかけ採用した**新入社員が早期に離職すると，１人当たり平均1,000万円近い損失**に…。経営にとって，とても大きなダメージを生んでしまいます。今社員の離職が管理者の評価にも影響を与えようとしているのは，このような切実な背景があるからです。

　離職が後を絶たず離職率は10％台と，人繰り（ひとぐり）で苦労していた，本書の中で事例紹介する設備工事会社。弊社もコンサルティングで関わり，エンゲージメント向上のための活動を実践。その結果，現在は離職率１％と見違える会社へと変革を遂げました。

　他にもコロナ禍という観光業界にとって最大の危機を乗り越えた星野リゾート。外食産業においても強烈な逆風だったコロナ禍で，４年連続の増収を実現したモスフードサービス。本書でも紹介する両社はエンゲージメントが高い組織づくりを行っています。

　また１つ前の書籍（拙著『ESで離職率１％を可能にする人繰りの技術』（太陽出版））で事例紹介した小売業の会社は，エンゲージメントのコンサルティング後，売上は2.5倍に成長。2021年末に東証マザーズ（当時）に上場を実現しました。

　このようにエンゲージメントを向上させることができれば，さまざまな経営成果につなげることができる。まずこのことを理解してほしいと思います。

自分が勤める会社に愛着を持ち，やりがいを感じながら働く人を1人でも多く増やしたい。そういう人が集まる組織や会社が1社でも多く増えていくような支援をしていきたい。このような想いで今から16年前にES・エンゲージメントに専門特化したコンサルティング事業を開始。これまで数多くの企業さんやその社員さんたちと関わってきました。気がつけば関与してきた会社は500社以上，声を聴いてきた働く人の数は10万人以上にのぼります。

　残念ながらエンゲージメントは，「顧客満足」のような単純な計算式で正解を求められるものではありません。いくつもの要因が複合的に絡み合って形成され，その時々の社会情勢や社内環境で左右される側面もあります。つまり**問いと答えが遠い，少し手強い連立方程式を解くような難題**でもあるのです。

　したがって，正しい知識・見識と効果的なやり方で進めていかなければ，いくつもある落とし穴に落ちてしまいます。この1つの解決策になればと思い，本書を通じてエンゲージメント向上のメカニズムやコンサルティング事例を公開したいと考えました。本書ではタイトルで「中小企業も実践できる」とあるように，限られたリソースで対応しなければいけない**中小企業でも取り組める具体的事例や施策を示している**のも大きな特徴です。

　国の経済力を測る指標として，これまで「GDP：国内総生産」がありました。今後は「GDW（Gross Domestic Well-being）：国内総充実」が，国の優劣を測る新たな指標になっていくでしょう。GDWとは，国民がどれだけ心身ともに充実し幸福感を感じているかを測るものさしの1つ。そしてこのGDWを上げていくためには，エンゲージメントの向上は必要不可欠なのです。

　皆さんも想像してみてください。毎日従事する仕事や会社に対して，愛着や高い貢献意欲を持ちながら仕事ができている。こんなに幸せなことは，他にないのではないでしょうか。考えただけでワクワクしてこないでしょうか。そうです。**エンゲージメントが向上すれば，社員の心身ともに充実した幸福感を高めることが可能**なのです。

　また，エンゲージメントと同時に昨今取組みが加速しているのが，SDGs（持続可能な開発目標）。皆さんの会社でもさまざまなアプローチをされていることでしょう。弊社でも法人として，また個人としても，さまざまなSDGsに関する活動を積極的に行っています。本書の出版にあたり，できることはないか？　いろいろ考えました。

　その結果，本書の印税を全額，世界の恵まれない子どもたちを支援する団体「セーブ・ザ・チルドレン」に寄付させていただくことにしました。17ある目標から構成されているSDGs。1番目に出てくる目標は「貧困をなくそう」です。よって，本書をご購入いただいた方は，このSDGs活動に参画していただいたことになります。重ねて感謝申し上げます。

　SDGsの8番目に「働きがいも経済成長も」という目標があります。エンゲージメントもSDGsも，目指すべきゴールは近いと考えています。働く人が，会社への愛着と働きがいを持ちながら日々の生活を送ることができる。このことがまさに，「個人の幸福」と「豊かな社会の実現」につながっていくのではないでしょうか？

　本書が，今多くのエンゲージメントに取り組み，壁にぶつかり苦悩している企業の経営者，責任者，担当者の**解決策**になってもらえると嬉しく思います。そしてその結果，愛社残高が高い組織・会社が1社でも多く増え，

社会が豊かになっていくことを願っています。

　本書を教科書として，ガイドブックとして活用し，自社のエンゲージメントをこれから一緒に高め，たくさんの成果をつくっていきましょう！付箋や蛍光マーカー，ノートなど筆記用具の準備はよろしいでしょうか？　それでは「従業員エンゲージメント」の講義を始めていきましょう！

　2023年10月

株式会社ヒューマンブレークスルー

代表取締役　**志田 貴史**

目　次

第 1 章

エンゲージメントのメカニズムを
正しく理解しよう

❶ 人を資産とみなすことから始まる（エンゲージメントから人的資本へ）

　エンゲージメントを根本的に考えるためには，「**人を資産**」とみなすことから考える必要があります。人を「コスト」ではなく，かけがえのない「リソース」だと捉える。このベースがあって，はじめて**エンゲージメントの取組みを軌道に乗せる**ことができる。そういっても過言ではありません。

　たしかに，会社の成績表ともいえる「決算書」では，「人」は人件費という科目でしか出てきません。一方でこれは実態を正確に反映しているといえるでしょうか？　人は売上・利益をつくってくれる最大の経営資源。よって**本来は資産という科目でも表現**しなければいけないのです。

　もちろん私たちもこの考えをベースに，創業以来16年間，これまでエンゲージメントの啓発に取り組んできました。この考えやエンゲージメントを後押しするかのごとく，現在世界の潮流になってきているのが「**人的資本**」です。

　「人的資本」とは，人材または人材が持つ知識や技能，意欲などを指す経済学用語です。近年，欧米を中心に，従業員をコストではなく，資本とみなす動きが広まっています。人が持つ知識や能力が知的資産となり，企業の競争優位性に直結するとし，日本でも人的資本の重要性が叫ばれ始めました。

　今多くの会社で悩んでいる「エンゲージメントに取り組んでいるんだけ

ど，うまくいかない」ケース。要因と対策はこれから本書で詳しく解説していきますが，**ベースにある落とし穴があります**。それは，「人は資産」であるというマインドセットができていないことです。

　本書の第4章以降では，10社のエンゲージメント向上事例を，実名をあげ公開しています。観光業界においてコロナ禍という大きな経営危機を見事に乗り越えた「**星野リゾート**」。コロナ禍という飲食業界において逆風の中，逆に売上を拡大させ続けた「**モスフードサービス**」。まず社員の笑顔をつくり，笑顔の連鎖をつくり続ける「**チロルチョコ**」。**新卒採用倍率20倍で内定辞退者ゼロの会社**や，**離職率が1％の会社**など。

　それぞれ各社ともに特徴的な仕組みや施策を本書で解説していますが，各社に共通しているのは何なのか。それは，「**人は資産**」であるというポリシーがベースにあることです。

　エンゲージメント向上には，もちろん仕組みや施策といったハウツー・ノウハウも必要です。本書でもここの部分をメインとしたコンテンツになっています。しかしこれだけでは，どこかでボロが出てしまい，エンゲージメント向上の車輪は止まってしまいます。よって「**人は資産**」であるという考えをベースに持ち，本書を読み進め実践につなげていただけると効果的だと思います。

　本書の全体的な構成にも冒頭に触れておきたいと思います。第1章では，エンゲージメントに関する基礎知識を習得してもらいます。第2章では，エンゲージメントに取り組む際，いくつかの壁にぶつかります。よくある代表的なハードルと対策について解説しています。第3章では，エンゲージメントの調査で落とし穴に落ちないための秘訣を解説しています。

そして第4章以降は，具体的にエンゲージメントを向上させるための施策やアクションレベルの内容です。10社の貴重な企業事例も交えながらエンゲージメント向上のノウハウを公開しています。

　それでは早速，1限目となる第1章から読み進めていきましょう！

② エンゲージメントとは？

　まず，教科書的にエンゲージメントに関する基本情報をインプットした後で，もっとわかりやすい解釈を解説していくことにしましょう。

　エンゲージメントとは，engagementという，「約束」や「取り決め」また「婚約」などを意味する単語です。このエンゲージメントの語源は，フランス語のアンガジェ（engager）。その名詞形に「社会的参加」という意味のアンガージュマン（engagement）という言葉があり，これらが由来となっています。

　マーケティングの世界では，カスタマーエンゲージメントという言葉も使われており，見込み客や顧客との「つながり」や「絆」を表す意味として使われることがあります。YouTubeの動画配信をしている人はわかると思いますが，YouTubeの動画の分析情報でもエンゲージメントという項目が存在し，視聴者とのつながり度合いを分析することに使われています。また投資の世界では，投資家と企業との「対話」という意味でエンゲージメントが使われます。

　組織開発や人事の領域で用いるときは，従業員の会社への「愛着」や「愛社精神」。また「貢献志向」や「働きがい」という意味で一般的に認知されています。またこの場合，厳密にいうと2つに分類されることがあり

ます。組織へのエンゲージメントという意味での**「従業員エンゲージメント」**と，仕事そのものへのエンゲージメントという意味での**「ワークエンゲージメント」**です。

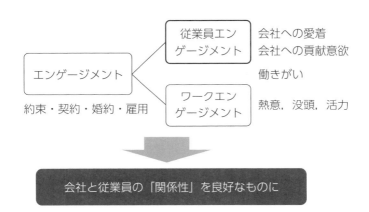

■従業員エンゲージメント

エンゲージメントの中でも，主に従業員と会社の関係性にフォーカスする際に使われる考え方が，**「従業員エンゲージメント」**です。主な要素として次のようなものがあります。

ミッション・ビジョン：

自社の将来向かっていく目的や方向性に共感しながら仕事をすることができれば，会社への愛着や愛社精神へと発展していきます。ひいてはそれが会社への貢献意欲を高めることにつながるでしょう。ミッション・ビジョンへの共感と浸透が，従業員エンゲージメントのカギを握ります。

やりがい：

この会社で働くこと，この仕事に従事することに「やりが

い」というポジティブな感情を持ちながら仕事ができること。やりがい
が高まれば仕事への創意・工夫が生まれ，組織への貢献志向にもつな
がっていき，従業員エンゲージメントは向上していきます。

職場環境：

人生の大半を過ごす場所が職場。この職場環境が高ストレス
にさらされることなく，仕事の効率や人的つながりなどが良好
であればあるほど，仕事や組織へのロイヤリティも高まり，従業員エン
ゲージメントは向上していきます。

■ワークエンゲージメント

「ワークエンゲージメント」とは，オランダ・ユトレヒト大学のウィル
マー・B・シャウフェリ教授によって提唱された，仕事に対するポジティ
ブな心理状態のこと。主な要素として次のようなものがあります。

熱意：

仕事に誇りとやりがいを感じることができている状態。意欲
を持って働いている社員が増えることにより，自発的に業務に
関する知識を学ぶ姿勢が強まります。個々の成長にもつながりやすくな
り，ワークエンゲージメントが向上します。

没頭：

仕事が好きで，仕事にのめり込んでいる状態。自分の持てる
スキルを最大限に活かして仕事に取り組めるようになり，創意
工夫が生まれます。生産性の向上が期待でき，ワークエンゲージメント
も向上します。

活力：

　　生き生きと仕事に取り組んでいる状態。職場の雰囲気も良く，ミスやトラブルもチームでカバーすることでストレス耐性が向上。ノウハウ共有等の相乗効果で組織全体のパフォーマンスも向上します。これがワークエンゲージメントの向上につながります。

❸ わかりにくいエンゲージメントを，わかりやすく理解するには

　これまでの内容が，一般的に認識されているエンゲージメントの基礎的情報です。ここまでの内容で，「よく理解できた」とか「腑に落ちた」という人はいったいどれくらいいるでしょうか？

　残念ながら，こういう説明だけで終わってしまっていることが，エンゲージメントの理解が進んでいかない要因の1つになっています。「アカデミックな内容で，現場の感覚とは少し違うなあ」，「理想的なことが並べられているだけで，現実味が乏しいなあ」という印象を受ける方が，多いのではないでしょうか？

　自社のエンゲージメントのレポート作成がゴールであれば，このような学術的な基本情報で進めていっても問題ないでしょう。一方，地に足をつけエンゲージメントの向上からさまざまな経営成果（生産性の向上，離職率の低下，採用力の向上など）をつくることをゴールと考えた場合，これでは不十分です。ここからもう少しかみ砕いて手触り感のある内容で理解を進めていく必要があります。

■信頼残高

　そこでまず，「**信頼残高**」という，対人関係における信頼の蓄積レベルを表すキーワードを紹介しましょう。信頼は目には見えないものですが，人として相応しい行動が増えれば増えるほど，相手と自分との間にある「信頼残高」は増えていきます。逆に，人として相応しくない行動があれば「信頼残高」はどんどん減っていくという考え方です。

　　信頼残高…対人関係における信頼の蓄積レベルを表す考え方

　この「信頼残高」は多ければ多いほど，困ったときに残高のある人から助けてもらえたり，何か新しいことをやろうとするときに協力してくれたり，フォローしてもらえます。しかし，残高が少ない，あるいは残高が無くなっていると，その逆で困っていても助けてもらえず，何かやろうとしても協力どころか足を引っ張られてしまいます。周囲からの理解やサポートが期待できなくなってしまうのです。

〔信頼残高のイメージ図〕

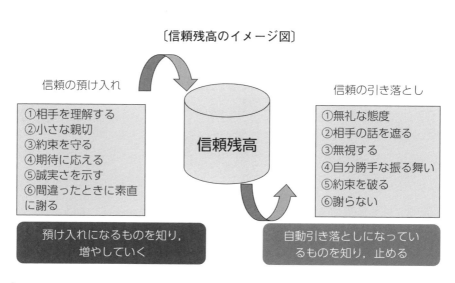

信頼の預け入れ

①相手を理解する
②小さな親切
③約束を守る
④期待に応える
⑤誠実さを示す
⑥間違ったときに素直に謝る

信頼残高

信頼の引き落とし

①無礼な態度
②相手の話を遮る
③無視する
④自分勝手な振る舞い
⑤約束を破る
⑥謝らない

預け入れになるものを知り，増やしていく

自動引き落としになっているものを知り，止める

❹　「愛社残高」でエンゲージメントはつかめる

■愛社残高

　これは人と人との関係だけではなく，従業員と会社の間にも同じことがいえます。私たちが伝えていきたいエンゲージメントというのは，この従業員と会社の間にある「**愛社残高**」のことでもあります。

　愛社残高…従業員の会社に対するエンゲージメントの蓄積レベル

　従業員の会社に対する「愛社残高」をしっかり積み上げさせることができれば，事業戦略の遂行はスムーズになり，CS（顧客満足）向上や業績アップにつなげることができます。また，会社が思う方向に従業員は足並みを合わせて力を発揮してくれ，コロナ禍のような危機に直面したとしても，一致団結して困難を乗り越えることも可能になるのです。

〔愛社残高のイメージ図〕

愛社残高の預け入れ

①パーパスの浸透
②顧客重視
③従業員重視
④上司との良好な関係
⑤働きがいの実感
⑥成長の実感

愛社残高

預け入れになるものを知り，増やしていく

愛社残高の引き落とし

①パーパスが不明
②顧客軽視
③従業員軽視
④上司との関係崩壊
⑤働きがいの喪失
⑥成長の実感なし

自動引き落としになっているものを知り，止める

この「愛社残高」をしっかりと積み上げていくためには，何が「愛社残高」の預け入れになるのか，また，どんなことが「愛社残高」の自動引き落としになっているのか，実態を正確に把握すると効果的です。よってエンゲージメント調査のような現状を見える化するプロセスが必要になります。

　そして調査後に必要な施策を講じながら改善し「愛社残高」を黒字化していく。愛社残高を高めることで，従業員の生産性や定着率を向上させることができ，効果的な人的資本経営を実現することが可能になります。

　反対に「愛社残高」が悪化すると，従業員は聞く耳を持たなくなり，笛吹けども踊らず。会社が思うように従業員が動いてくれない，結果として経営成果もなかなか望めなくなります。また，従業員もなかなか定着せず，人繰り（ひとぐり）で苦労する事態に陥ります。

　今は財務的に黒字経営でも従業員と会社の「愛社残高」が赤字であれば，将来的に赤字経営に陥る可能性も出てくるでしょう。

　エンゲージメントの抽象的な定義だけでは，言葉だけが踊ってしまい，地に足のついたアクションに結びつかない。これが現状の課題の１つです。「愛社残高」のようにエンゲージメントが上がる要因や下がる要因までイメージすることで，より自社ゴトとして理解を深める助けになります。

　現状はエンゲージメントの定義や解釈がまちまちで，多様な表現となっています。短い言葉だと，「働きがい」。長い言い回しだと「従業員が会社への愛社精神を持ち，貢献意欲を高めている状態」など。ちなみに弊社では，エンゲージメントを一言でいうと次のような言葉で伝えています。

「組織への愛着を伴った働きがい」

　本書で解説するエンゲージメントは，先のような定義となっています。また読者の皆さんも誰かにエンゲージメントを伝える際，参考にしてください。伝わりやすくなると思います。それでは次の節で，エンゲージメントが上がる要因・下がる要因をさらに解説していくことにしましょう。

❺ 16年間で10万人以上の働く人の生声を聴いてわかったエンゲージメント要因

　私たちはこれまで16年間で10万人以上の働く人の声を，ES調査やエンゲージメントサーベイを通じて聴いてきました。スコアや数値の結果のみならず，**従業員の生声を丁寧に分析してきた実績**は，他に類はなく私たちの大きな強みだと考えています。

　その結果，日本のビジネスパーソンのエンゲージメントを大きく左右するものとして，次の5つの因子があることを突き止めることができました。

〔従業員エンゲージメントを左右する要因〕

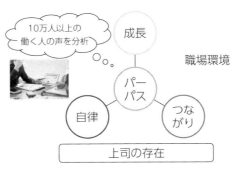

　これから1つずつこの5大要因を確認していくことにしましょう。

■パーパス:

働く人が所属する会社や組織の存在意義のこと。

「経営理念」や「ミッション」という概念もこの中に含まれます。私たち組織は何のために存在するのか？　どういう使命があるのか？　何を成し遂げるために存続するのか？　根本的な存在意義や存在理由を言語化したパーパスに，従業員がどれだけ賛同し，組織内に浸透しているか。エンゲージメントのベースを形作るものでもあります。

先が見えない混沌とした時代だからこそ，従業員は所属する会社や組織の行く末，そのベースになるパーパスに関心を持っています。

特に世界がコロナ禍を経験したことで，パーパスの重要性がよりクローズアップされました。コロナ禍で会社と顧客，会社と社員，などさまざまなシーンで分断が発生。改めて自分たちの会社や組織のパーパスを問い直そう，共有しよう，浸透させようという動きに波及していったのです。

また，弊社のこれまでのエンゲージメント調査の分析から，興味深いデータがあります。それは，**エンゲージメント調査のスコアが高い会社ほど，このパーパスに関するスコアも高い**という強い相関があることです。また，後ほど解説しますが，パーパスは，エンゲージメントという良好な組織の健康状態を維持するための「ワクチン」にもなりえます。

■自律:

職場の中で自らの意思を発揮できる機会のこと。

- 自分の考えや想いを発言する機会がある。
- 自分で考えたり，工夫したりしながら仕事を進めることができる。
- 自分で迷ったり，選択したりしながら，自らの意思を反映できる。

　このようなシーンや機会が多いと，エンゲージメントは向上しやすく，逆にこのような要素が少ないとエンゲージメントも伸び悩む傾向にあります。

　これらは，内発的に動機付けられる要素ともいえるでしょう。そして自らの意思を発揮することは，次の行動に責任が生まれることにもつながります。また，人には「**返報性の原則**」が存在します。自分の意思を発揮したり，聴いてもらえたりすると，次は相手（会社）の意思を受け入れようという受容姿勢が高まるのです。

　別の角度で考えると，会社の意思と自分の意思を一致させることも，この自律の要素を高めてくれます。弊社でパーパスの浸透コンサルティングを行っているメニューの1つに，自分自身のパーパスを言語化する「マイパーパス策定ワークショップ」があります。これは自社のパーパス浸透と，自分自身の自律の要素を高めることを目的に実施しているプログラムとなっています。

■つながり：

 　仕事を通じて承認されていると実感できる心理的環境のこと。

　自分の存在が職場で認められていると実感できる，自分の仕事ぶりが顧客など社外の人たちから認めてもらえていると感じられる。このような「承認」の実感があれば，エンゲージメントの向上に結びつきます。

人はそもそも社会的な動物。よって幸福感は，人とのつながりの中で生まれるものです。このつながり感は，充足されると人をポジティブな方向へと導きますが，減少してくると逆方向に……。そうです，皆さんもおわかりだと思いますが，つながり感が減少していくと「孤独感」へと変わり，人はネガティブな方向へ。当然エンゲージメントも同時に低下することになります。

　特にコロナ禍でリモートワークが定着した会社は，このつながり感を維持・向上させることに頭を抱えることがないでしょうか？　弊社もコロナ禍でよく助言・アドバイスを求められました。

　このようなリモートワークに限定したケースのアドバイスとして，次のような「**KZA**」があります。K（言葉数を増やす），Z（雑談を入れる），A（相手を気遣う言葉がけをする）。某企業において実施前と後でエンゲージメント調査を比較すると，数値の改善が確認できています。

　何気ない一言で，人はモチベーションが上がったり，逆に下がったりする生き物。プラスの働きかけや言葉がけで，従業員のエンゲージメントを高めたいものです。

■成長：

自己成長の実感と期待感のこと。

　現在の職場で過ごし，今の仕事を行うことで，自己の成長がどれだけ実感できるか。過去や現在に対する「自己成長実感」は，エンゲージメントに大きな影響を与えます。「仕事の報酬は仕事そのもの」という言葉があるように，仕事を通じて成長できることは，お金ではない「非金銭報酬」

だからです。

　この自己成長実感は，自分自身では認識できていないケースも多くあります。よって成長していることをフィードバックすることは，効果的なのです。例えば人事評価のフィードバック面談で，本人の成長している点をしっかり伝える。また，1on1ミーティングで，ちょっとした良好な変化をフィードバックする。

　これらの運用で自己成長実感を持たせながら，同時に「つながり」や「承認感」のアップにもなる。一粒で二度・三度美味しいエンゲージメント向上の施策になりえるのです。

　一方で過去・現在の自己成長実感を持たせるだけでは，まだ十分ではありません。次は将来に対する「自己成長期待感」が，エンゲージメント向上に必要です。キャリアアップの見通しなど，将来に対する自己成長イメージや期待感。これらを持たせることができると効果的です。

　将来の自己成長期待感も，本人自ら高めることが難しいケースも考えられます。この場合，「キャリアロードマップ」の見える化が有効です。どういう要件を満たしていけば，入社して何年や何歳くらいで，どういうポジションになり，おおよその年収がどれくらいか。社員がキャリアビジョンをイメージできる情報を提示すると効果的です。

　また，キャリア面談を取り入れることも有効です。自社でのこれからのキャリアを，共に考える機会をもつだけで，前向きな力を与えることができます。逆にこの部分で悶々とすることになれば，優秀な社員ほど離職の選択に傾いていきます。

■上司のマネジメント：

 上司として相応しい行動のこと。

　人生の大半を過ごす職場で一番影響を受ける人が，「上司」ではないでしょうか？　これは日本人の特性でもあります。尊敬できる上司と仕事ができたり，上司との関係性が良好だったりすると，エンゲージメントが向上します。

　逆に，上司が相応しくない行動を職場でとっていたり，マネジメントの状態が良くなかったりすると，エンゲージメントも低下します。特にパワハラが発生してしまうと，エンゲージメントは崩壊してしまいます。読者の皆さんも，これまでの社会人生活の中で，上司の何気ない一言でやる気が上がったり，逆にモチベーションが崩壊した経験をお持ちでしょう。

　もう1つ興味深いデータがあります。弊社のエンゲージメント調査の結果を分析すると，「重要度」が高い項目のベスト3以内に，「上司のマネジメント」が入っているのです。この調査では，満足度や実現度以外に，重要度をアンケートで答えてもらいます。「上司のマネジメント」の重要度が高いということは，エンゲージメントが，上司のマネジメントに大きく左右されやすいことを物語っています。

　これまでの管理者研修等を通じて，頭では上司としてのとるべき行動を理解している人は多いと思います。しかし，「知っていること」と「やっていること」には，GAP（ギャップ）や乖離があるものです。そこに気づくことができないと，なかなか改善ができないテーマでもあります。

　また，近年部下が上司を評価する360度評価を導入しているケースが増えています。一方でほとんどの会社でうまくいっていないのが，現状ではないでしょうか？　たしかに360度評価で「知っていること」と「やっていること」のGAPを知ることはできるかもしれません。

　うまくいかない理由は次のようなことでしょう。新人や若手であれば他者からの評価を素直に受け入れることは，難しいことではない。しかし，対象が上司や管理者となれば，一筋縄ではいきません。的を射た指摘でも部下からの意見に反発し，その後の人間関係の悪化に発展することもあります。

　これらのハードルを回避し，着実に上司として相応しいマネジメントを行っていただきたい。このために開発した「マネージャーMQ」というプログラムがありますので，第7章で詳しく解説することにしましょう。

❻ 「愛社残高」が低いことで失う経営の機会損失と，高いことで得られる経営成果

　それでは次に，エンゲージメントと経営成果についての関係を見ていくことにしましょう。エンゲージメントが低下することにより，従業員の仕事に向き合うスタンスはどうなるか。「組織への愛着を伴った働きがい」が低い状態ですから，従業員はネガティブな姿勢で仕事に向き合うことになります。

　その結果何が起きるでしょうか？　それは生産性の低下を招くことになります。現在，国の政策として働き方改革で，効率や時短などの生産性向上が求められています。そこに対して，エンゲージメントの低下はブレーキをかけることに……。これが1次的な影響です。

この事象が次に何を引き起こすのか？　仕事のプロセスから今度はアウトプットや成果に影響が出てきます。顧客満足度や品質など，仕事の結果面に当然のことながら悪影響が生まれます。これらは売上や利益といった企業の最終成果にもネガティブなものをもたらします。

　そして最終的にエンゲージメントが低下した際に，従業員が最後に切るカードがあります。それは何かというと，「不満退職」というカード。「組織への愛着を伴った働きがい」が尽きると，もはやこの会社にいる意味が持てなくなるのです。

　また1人の従業員のエンゲージメントが低下し不満退職したことが，次にどのような事象を引き起こすのか。まず職場の人手は薄くなり，残留従業員の業務負荷が増大します。ここですぐに新しい人材を補充できれば，一時的な業務負荷の増大は生まれるもののまだカバーできます。しかしこれがスピーディーにできないと，残留従業員の業務負荷が増大している状態が長らく続くことになります。

　これによりもともとエンゲージメントが高かった残留従業員のエンゲージメントもやがて低下。**次の退職予備軍を形成**してしまうのです。これからの人手不足時代にこのようなことが起きてしまうと，経営の本当に大きな機会損失だといえるでしょう。

　このようにエンゲージメント低下が，プロセスや成果を悪化させ，人的資本の蓄積にも悪影響を与え，ネガティブなチェーンが回り出します。私たちはこのような経営の悪循環サイクルを決してつくってしまってはいけません。

〔従業員エンゲージメント低下が引き起こす経営の機会損失〕

1次的な影響	生産性	・やらされ感，いやいや感 ・生産性向上のエンジンがかからない
2次的な影響	顧客満足CS	・心のこもった対応は難しい ・ＥＳを犠牲にしたＣＳはいつか崩壊する
最終的な影響	人的資本	・組織へのロイヤリティ低下，不満退職 ・人的資本が蓄積していかない

他にも不正などのコンプライアンス違反や，内部告発など
企業のブランド崩壊に結びつく機会損失につながるケースがあります。

人手不足

　一方でエンゲージメントが向上すると，ポジティブな姿勢で仕事に向き合うことができ，生産性は向上。これが次の仕事のアウトプットである顧客サービスや品質に２次的な好影響を与えます。最終的には仕事や会社の評価となるCS（顧客満足）また売上・利益といった経営成果につながっていくのです。

　この経営成果が高まれば，必然的に職場環境のソフト面（職場の雰囲気）やハード面（設備や情報機器の整備に対する予算確保が可能など）また待遇面も比例して良くなっていきます。これらがひいては全体的なエンゲージメントの底上げを図ることにつながり，エンゲージメントから経営のグッドサイクル（好循環）が回り始めるのです。

〔従業員エンゲージメントは経営活動に大きな影響を与える〕

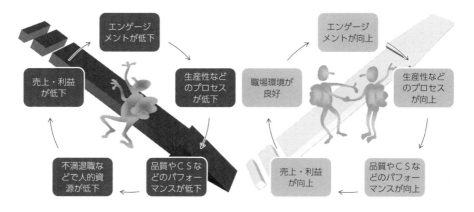

　このように，エンゲージメントは私たちの経営活動に大きな影響を与え
ています。よって総務部や人事部といった部門ミッションではなく，トッ
プ層も巻き込み全社的活動で展開していく必要があります。

　なぜなら，エンゲージメントの向上は，経営者が欲しい経営成果に間違
いなくリンクしてくるからです。経営成果につながるエンゲージメントの
向上事例については，第4章以降で詳しく解説していきます。

　一方で，エンゲージメントがうまくいかない理由として，そもそも**土台
に問題がある**ケースも多々見受けられます。次の第2章ではその理由と対
策について，解説していくことにしましょう。

第 2 章

従業員エンゲージメントが
うまくいかない「本当の理由」

① エンゲージメント向上の「土台」が形成されていない

　皆さんの会社でも，エンゲージメント向上の施策を実施しようと，さまざまなことに取り組もうとされていることでしょう。よくある事例としては，コミュニケーション系の事例。社内のコミュニケーションを活性化しようと，さまざまなITツールを導入するような事例等を，最近よく見かけます。また，従業員の待遇改善や福利厚生の向上なども，エンゲージメント向上の施策としてよく耳にします。

　一方でこのような施策を実行した企業のエンゲージメントは，本当に上がっているのでしょうか？　残念ながら，**答えはNOであるケースがほとんど**です。実際にこのような企業から，次のような相談をいただくケースが多いからです。「コミュニケーション活性化のためにIT関係の投資をしたが，エンゲージメントが上がった実感がない。どうしたらいいでしょうか？」，「社員の給与アップや休日の増加また福利厚生面の改善を行ったのに，離職は止まらない。なぜなのでしょうか？」。

　コミュニケーション系や福利厚生系の施策が，エンゲージメント向上にまったく効果がないとはいいません。しかし現実問題として，このような対策は上滑りしてしまうのです。その原因は，従業員エンゲージメントが向上する「**土台**」が形成されていないからです。「**基礎**」ができていないといってもよいかもしれません。大きな建物を建てるためには，基礎工事が重要です。これは建物だけではなく，人や組織も同じなのです。

❷ 従業員の「仕事観」がアップデートされていない （仕事観欠落症）

エンゲージメント向上に不可欠な土台や基礎づくりとして，必要なことがいくつかあります。まず1つ目にあげられるのは，従業員の「**仕事観**」をアップデートすることです。「こんなこと初めて聞いた」と意外に思われる読者も多いと思います。エンゲージメント向上がうまくいかない要因の1つは，この**根幹的なこと**をほったらかして，表面的な施策に奔走してしまっていることです。

エンゲージメントは「仕事環境」で左右されます。仕事環境の中でも，内発的に動機付けられる，自分自身の「**仕事観**」が特に大切です。仕事観とは，仕事に対する自分なりの価値観や向き合い方をいいます。

例えば，会社にA君という社員がいたとして，A君の仕事観は，「仕事とは，お金を稼ぐための手段でしかない」ということだったとします。このような仕事観では，内発的に動機付けられる要素が低く，また外発的に会社から様々な施策でアプローチしようとしても，おそらくあまり響かないでしょう。

一方，B君という社員の仕事観は，「仕事とは，誰かの役に立ち，自分自身も成長することができる尊いもの」だとしたらどうでしょう？　**仕事や職場で起きる様々なことを前向きに捉え，仕事へ建設的に取り組める**という内発的動機付けが容易になります。また，会社からアプローチするエンゲージメントの施策も刺さりやすく，エンゲージメント向上が期待できることは，想像に難くないでしょう。

A君のような仕事観を持っている社員が多いと，外発的に会社から様々な施策を展開しても，残念ながら**エンゲージメントは向上しません**。また，残念ながらそもそも自分の仕事観を持っていない社員が多いというケースも多々あります。そこで弊社では，エンゲージメントの土台や基礎作りの一環として，「**仕事観アップデート研修**」というプログラムを設けています。

■エンゲージメントの土台になる「仕事観」が低水準

　この研修で目にするのは，「仕事とは？　なんて，これまで考えたことはなかった」と，研修の最初の印象を口にする人が多い光景です。

　無理もありません。昔は学校の先生や偉人が，仕事の素晴らしさを教えたり，伝え聞いたりする機会があったと思いますが，今はそのようなことが減っているのでしょう。学生に就職先を指南する先生も，就活で賃金や休暇，またブラック企業ではないかどうか，といったことしか指導しない方もいるようです。

　そんなことを嘆いても始まりません。これからは会社で，社員の仕事観をアップデートしていく機会や教育が必要なのです。実際にこの「仕事観アップデート研修」を受講した受講生からは，次のような声が聞かれます。

　「今まで仕事を自分のためとか，利己的に考えていたが，そうじゃないことに気づかされた。」

　「仕事で感謝されることが，一番のモチベーションアップになることが再確認できた。」

　「改めて職場や会社に感謝しないといけないなと感じた。」

　いずれも仕事に対する好ましいマインドセットができ，自分の仕事観が

アップデートされたことがよくわかります。

　「仕事観アップデート研修」ではどのようなことをやっているのか？　そのノウハウを一部公開することにしましょう。仕事観アップデート研修の中で，私たちの仕事観を啓発してくれる，良い事例を解説しています。

■仕事観アップデートワーク

「仕事とは，問題を発見して改善することである。」

　これはトヨタグループに浸透している仕事観の1つです。「改善」と聞くと，何か特別なことを行うようなイメージを持ってしまう人も多いと思います。しかしトヨタグループではこのような仕事観が浸透しているので，改善は日常的なルーティン業務になります。

　このような仕事観に触れることで，「そうか，仕事とは決まったことをただこなすだけではなく，自分なりに工夫や改善を意識しながら向き合うもの」といった意識が啓発され，芽生えていくのです。

「仕事の報酬は，仕事そのものである。」

　これはソニー創業者の井深 大さんが遺してくれた言葉です。これには2つの背景があります。人は仕事をすることで，「ありがとう」と言われたり，「助かったよ」と言われたりして，人から感謝される。この感謝されること自体がとても価値のあることであり，お金では買えない報酬になり得る。

　もう1つの意味は，「人は仕事を通じて成長することができる」こと。社会に出るまでは，人はお金を払って様々な勉強をします。一方で社会に出たらお金（給与）をもらいながら，様々な勉強ができる。この仕事を通じた自己成長というのも，お金では買えない報酬になり得るということです。

このような仕事観に触れることで，「たしかに仕事の中で感謝されることが，やりがいになっているな」，「仕事の中でさまざまな成長をさせてもらっている，これって価値のあることなんだな」といった意識が啓発され，仕事への前向きなマインドが強化されていくのです。

　「仕事とは，仕（つか）える事である」。これは仕事という漢字から，仕事の語源を読み解いた意味です。仕事とは，本来仕えることですから，自分のために行う行為ではないことがわかります。誰かのために役に立つこと，何かに貢献すること。すなわち仕事とは，私利のために行うものではなく，**利他のために行うもの**だと腹落ちします。

　このような仕事観に触れることで，「仕事を通じて顧客や会社に貢献すること」を再確認したり，あらためて強く意識したりすることができるようになります。今大きなトレンドになっている「SDGs」と仕事を対比して考えてもいいですね。

　こうやって社員に適切な仕事観を持たせ，さらにアップデートさせることができれば，エンゲージメント向上の土台が1つ完成することになります。そもそも仕事観そのものが無かったり，仕事を利己的なものや生活のためだけしか考えられていなかったりといった状態では，エンゲージメント向上は望めないのです。また本人にとってもハッピーだとはいえないでしょう。

　エンゲージメントは，それを受け止める社員側にその素地がないと，上滑りしてしまいます。まずはエンゲージメントの種が大きく育つ土壌を耕す必要があり，**社員の仕事観アップデートは必須**なのです。

〔仕事観のレベルとエンゲージメントの相関〕

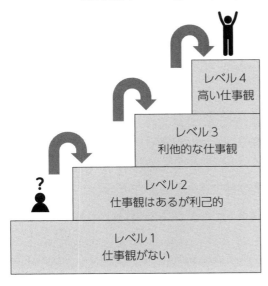

レベル4 高い仕事観	自らエンゲージメントが向上できるレベル
レベル3 利他的な仕事観	エンゲージメント向上が期待できるレベル
レベル2 仕事観はあるが利己的	仕事への動機付けが部分的な状態
レベル1 仕事観がない	仕事への動機付けが弱い状態

❸ エンゲージメント上最も大切なものが浸透していない（パーパス浸透欠乏症）

　コロナ禍以降，経営・組織・人事といったカテゴリーでよく使われるようになったキーワードに，「**パーパス**」という言葉があります。パーパスとは，日本語の直訳では，「**存在意義**」という意味の単語。これまで使われてきた同じ意味の言葉としては，**理念やミッションという言葉が近い**でしょう。

　ではなぜ，コロナ禍が背景となり，パーパスがクローズアップされたのでしょうか？　一言でいうと，それは「分断」です。コロナ禍では世界中でロックダウン，日本では緊急事態宣言など，会社や人の行動が制限されたことで，至るところで分断が生じました。

この事態がきっかけとなり，「そもそもうちの会社が，世の中に存在する意味って何なんだろう？」，また「こういった有事の世の中で，わが社はこれからどんな存在意義を果たすべきなのだろうか？」。こういった疑問や問題意識が，世界中で顕在化していったのです。

　そこで「わが社の存在意義を改めて見直そう」，「わが社の存在意義をもっと顧客や市場に知ってもらおう」，「従業員にわが社の存在意義をしっかり伝えて浸透させよう」。このようなアクションへ波及していきました。
　会社の存在意義は，たとえ平時であったとしても大切なものですが，コロナ禍という有事を迎えたことで，さらにその重要性が高まったということです。

　エンゲージメントを考える上でも，**パーパスの存在は根幹となる部分**だといえます。従業員は会社という船に乗り込み，航海をすることになります。その船（会社）がどんな理由で，どんな目的地を目指して航海を進めていくのか。そのために大切な価値観や，船員（従業員）に必要な行動は何なのか？　これらが明確に示され，浸透させることができないと，残念ながらエンゲージメントは向上しません。

　だからこそエンゲージメント向上に必要不可欠なもう1つの土台は，「**パーパスの浸透**」です。それを検証している結果として，弊社のエンゲージメント調査があります。これまでの16年間の調査結果を分析すると，エンゲージメント調査のスコアが全体的に高い上位会社には，ある共通する特性があるのです。
　それは**スコアが高い上位会社は，パーパス浸透を測る項目のスコアが，ハイスコア**だということ。すなわちパーパスの浸透度が高い会社ほど，比例してエンゲージメントも高いということです。

　先が見えない時代だからこそ，社員は会社の存在意義をふと考えたり，SDGsやESGなど持続可能な社会づくりや社会貢献という枠組みの中で，自社の存在価値を問い直したりするのです。就活の学生でも意識の高い学生は，このような視点で就活を行っています。経営者はもちろんのこと，ビジネスパーソンレベルにもパーパスの重要性は今後ますます浸透していくことでしょう。

■パーパスが浸透しているとは，どのような状態か？

　それでは，パーパスが浸透しているとは，どのような状態を指すのでしょうか？

① 　知っている

　従業員が会社のパーパスを知っている，暗記している。

② 　理解している

　従業員が会社のパーパスの意味合いや背景を理解している。

③ 　**行動につなげようとしている**

　従業員が会社のパーパス体系に沿って，仕事をしようとしている。

〔パーパス・理念が浸透しているとは……〕

　答えは①（知っている）ではなく，②（理解している）でもまだ不十分で，③（**行動につなげようとしている**）の状態を指します。仕事観でも紹介したトヨタグループでは，「カイゼン」というコンセプトが浸透してい

るといっていいでしょう。同様にエンゲージメント調査の結果が良い会社というのは総じて，自社のパーパス体系を浸透させることに成功しています。

パーパス体系：パーパス（理念やミッション）・ビジョン・価値観・行動指針が体系的に言語化されたもの

　エンゲージメントとは，会社への愛着心や貢献心，また，仕事への熱意を持たせることです。そのためには，自社のパーパスへの理解や共感がないと雲をつかむような話になってしまいます。
　エンゲージメント向上には，自社のパーパス浸透という土台が必要不可欠だということは，想像に難くないでしょう。

❹ 「上司のNG対応」がエンゲージメント向上のブレーキになる（上司のマネジメント機能不全症）

　日本人の特性をよく表しているものがあります。それは「**上司の存在**」が，エンゲージメントに大きな影響を与えているということ。欧米などでは個人主義の色彩が強く，働く上で上司の存在がエンゲージメントに影響を与える度合いは小さいですが，日本人は逆だということです。

　皆さんも働く上で，人，それも上司にモチベーションを左右されることを，これまでの社会人経験で何度となく経験してきていないでしょうか？　上司の何気ない一言で，これまでの努力が報われ，大きなやりがいを感じたり，上司のささいな言動で失望してしまい，エンゲージメントが崩壊したりするなど……。

　現在，各社ではDX（デジタルトランスフォーメーション）の推進ということで，IT系のスキルが高い人材には，高額な年収が設定されています。一方でこのようなIT系の人材は，高い年収を用意されているにもかかわらず，転職を考えている人材が多いのも事実です。理由は簡単で，現在の会社でエンゲージメントが高まっていないからです。

　その理由を掘り下げると，以下2つの理由が多くを占めているようです。「**仕事にやりがいを感じない**」，「**会社や上司の行動・姿勢に疑問を感じる**」。後者の理由については，先に述べたパーパス浸透と，上司のマネジメントに起因していることが明らかでしょう。

　上司である本人は，自分の一挙手一投足が，従業員に大きな影響を与えていることなどまったく意識していない。こういうケースが多いため，そこに大きな落とし穴があることに，気づいてほしいのです。そこでいくつかのエンゲージメント向上が難しい状況を作り出している，上司の代表的なケースを見ていきましょう。

■報連相がやりにくい上司

　新入社員研修で必ず学ぶことの1つが，報連相。報連相が大切だということはいうまでもない話ですが，発信する側（例えば新入社員）だけに求めてもうまくいかないものです。報連相を受信する側（例えば上司）に問題があれば，報連相が滞る事態に陥ってしまいます。

　特に話しかけづらい雰囲気を出している上司は要注意です。従業員ががんばらないと報連相ができないようであれば，コミュニケーションの効率が悪化していきます。このような状況では，エンゲージメントの向上は望めません。上司としては，報連相がやりやすい上司かどうか，セルフチェックする必要があります。

■仕事のゴールを示さない上司

　どんな仕事にも，その仕事ごとに，ゴール（業務の完成状態）があります。また，このゴールが共有されないと，仕事の生産性が低下します。

　例えば上司が部下に対して，「○○の資料，作成してくれる？」といった依頼をすることがあります。その後部下は資料を作成し，「課長，この前ご依頼があった，○○の資料を作成しました」と提出します。それを見た課長から「いやいや，この資料は○○会議で○○を目的に配布する資料だから，これじゃあダメなんだよ」とダメ出しが…。このような非効率なやりとりが起きることがあります。

　なぜそうなるのでしょうか？　課長が部下に指示する際，ゴールを共有していないことが原因です。このように上司がそもそもゴールを考えていなかったり，部下と共有していなかったりすると仕事の生産性は上がりません。もちろんエンゲージメントは低下していきます。

■パーパス体系とは違う方向を向く上司

　高額な年収をもらいながらも転職を考えているIT系の人材。その大きな理由の１つが「会社や上司の行動・姿勢に疑問を感じる」でした。
　エンゲージメント調査を行った際，エンゲージメントのスコアが低下している会社ではこの転職理由に近い次のようなフリーコメントを目にします。
　「上司が自社が最も大切にしないといけないパーパス体系を，まったく意識していない」，「上司が逆にパーパス体系とは違う方向を向いて仕事をしている」。

　パーパス体系を浸透させエンゲージメントを向上させるには，職場の上司がこのパーパス体系を体現する必要があります。上司が自社のパーパス体系を意識しているか？　また，従業員にパーパス体系を意識させようとしているか？　エンゲージメントが語られる際，盲点になっているポイントの1つだといえます。

■感情を理解しようとしない上司

　人が話をする目的には2つの基本的欲求があります。1つは自分が話す情報を聴き手と共有したいという，**情報共有欲求**。もう1つは自分の気持ちや感情を聴き手に理解してほしいという，**感情理解欲求**です。前者は聞き手が聞くことである程度満たされます。後者は聴き手が相手の気持ちに寄り添うように聴くことで初めて達成することができます。

　上司が部下の話を聞き，話をした情報を共有するだけ。このような上司のコミュニケーションの受信スタイルだと，エンゲージメント向上は難しくなります。部下の話を聴き，情報の共有にとどまらず，「それはつらかったね」，「これは嬉しいよね！」など，部下の気持ちや感情に共感し反応してあげる。こういうコミュニケーションができれば上司への信頼が高まり，エンゲージメントも向上していきます。

■必要な情報を直前まで提供しない上司

　「今になって，急にそんなこと言われても…。もう少し前に指示してもらえると，助かるんだけどな～」。上司からの指示を受け，誰もが心の中で一度や二度，つぶやいた声ではないでしょうか？　特に週末や終業前ギリギリのタイミングで指示があると，従業員のストレスは増大してしまいます。緊急ではないのに，残業して終わらせようとしたり……。残業までしなくても，週末を暗い気持ちで過ごすことになったり……。

一方で指示した上司はどうでしょうか？　週末の夕方近くに指示を出しつくしたことで，従業員とは対照的に，すっきりした気分で週末を迎えることができます。こういうギャップが従業員のエンゲージメントを低下させているということに気づく必要があります。

　今は360度評価で，部下が上司を評価する時代です。上司はこれらのエンゲージメントを低下させる行動をやめる。そしてエンゲージメントが向上するマネジメントスキルを身につけ，変革していく必要があります。具体的な方法論については第7章で詳しく解説したいと思います。

❺ 「仕事の価値や意義」が見出せていない（仕事のバリュー欠乏症）

　弊社のエンゲージメント調査の中に，「ワークモチベーション」を測る項目があります。先でも紹介したように「仕事の報酬は仕事そのものだ」という認識レベルだと，エンゲージメント向上が期待できます。同様に，自分の仕事の価値（バリュー）や意義を見出し，仕事を行うことができれば，エンゲージメントは確実に向上します。

　反対に，自分の仕事の価値が認識できないと，エンゲージメントは上がりようがありません。読者の皆さんも「あなたの仕事の価値はどんなことですか？」と聞かれて，すらすらと即答できる人がどれくらいいるでしょうか？

　「意外と時間をかけて考えないと，答えられないな〜」，そう感じた方が多かったのではないでしょうか？　たしかに多くの人が，時間をかければ，自分の仕事の価値を言葉にすることはできると思います。しかし，それは

自分の仕事の価値が，思ったほど認識できていない証拠かもしれません。

■仕事のパフォーマンスレベル

　自分の行っている仕事の価値（バリュー）が認識できていないと，仕事のパフォーマンス向上は期待できません。それは**「仕事」ではなく，「作業」になっている**からです。仕事のパフォーマンス＆エンゲージメントレベルには３つのレベルがあります。

〔仕事のパフォーマンス＆エンゲージメントレベル〕

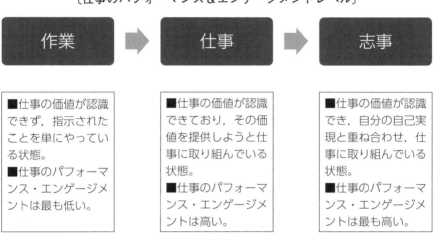

作業 ➡ 仕事 ➡ 志事

■仕事の価値が認識できず，指示されたことを単にやっている状態。
■仕事のパフォーマンス・エンゲージメントは最も低い。

■仕事の価値が認識できており，その価値を提供しようと仕事に取り組んでいる状態。
■仕事のパフォーマンス・エンゲージメントは高い。

■仕事の価値が認識でき，自分の自己実現と重ね合わせ，仕事に取り組んでいる状態。
■仕事のパフォーマンス・エンゲージメントは最も高い。

　仕事の価値が認識されていないと，行っている業務内容が，指示された範囲内で終わります。ここには創意工夫などは生まれず，「モチベーション」「パフォーマンス」「エンゲージメント」の３要素がすべて低水準な状態に陥ってしまいます。これは仕事ではなく，作業だといってもいいでしょう。

　一方で自分の仕事の価値を認識できている状態で仕事をするとどうでしょう？　やることが目的ではなく，価値をつくることが目的になります。そのことで問題意識が生まれ，創意工夫や改善につながり，「モチベー

ション」「パフォーマンス」「エンゲージメント」の3要素が総じて高い状態にレベルアップします。これが仕事をしている認識レベルです。

　ここからさらにもう一段階上があると，「志事」というレベルがあります。自分の仕事の価値を十分に認識し，かつその価値を発揮・最大化していくことが，自分のキャリアゴールや自己実現と重なる。こうなるとさらに仕事への情熱が高まり，創意工夫や改善のレベルも上がっていきます。その結果，「モチベーション」「パフォーマンス」「エンゲージメント」の3要素が最もハイレベルな状態になります。この志事レベルの社員が増えると，エンゲージメントの向上に苦労することはなくなります。

❻ 「認められている実感」が不足している（承認感欠乏症）

　人間にとって悲しいことの1つが，無視されること。私たちは，「常に誰かから認められたい」という根本的欲求を持ち日々生きています。これはいつの時代においても，老若男女問わない永遠のテーマともいえるでしょう。
　職場や会社でこの認められているという「承認感」が持てないと，エンゲージメントも低下していきます。では具体的にどのような承認感が欠乏すると，エンゲージメントが低下してしまうのか？　主要なものを見ていくことにしましょう。

■「存在承認」の欠乏

　自分の存在そのものが承認されていないことが，存在承認の欠乏になります。エンゲージメントが低下している会社の調査結果では，次のようなフリーコメントが見られます。「あいさつしてもらえない・あいさつして

も返してくれない」，「仕事で困っているのに，声をかけられない」など。

　例えば職場で呼ばれる時に，名前を呼ばれず，「おい」「お前」「そこの
おねえさん」などのコミュニケーションが行われていたら，即アウトです。
このような呼ばれ方をして，会社のために貢献しようという気持ちが生ま
れるわけがありません。

　これは自分という存在そのものが，承認されていないと感じている従業
員の心情を表しています。存在承認の欠乏は，特に若手社員や入社歴が浅
い社員にとって，大きなダメージとなり，エンゲージメントの崩壊にも発
展していきます。

■「プロセス承認」の欠乏

　経営者は結果だけで評価される，そういっても過言ではないでしょう。
そもそもプロの世界とはそのようなものです。ただ，会社の中を見渡すと，
新入社員から経営者までさまざまなポジションの人が働いています。全従
業員に対して，「結果しか見ない，結果しか評価しない」では，逆に組織
として機能しなくなります。

　ベテラン社員であったとしても，たまに仕事のプロセスに関心を示して
もらえると嬉しいものです。プロセス承認は，なかなかフォーカスが当た
らないからこそ，「そこ見てくれていたんだ！」とモチベーションアップ
に効果的な側面があります。

　時には社員の仕事の「やり方」だったり，「進め方」に関心を持ち，声
がけすると有効です。最近ではさまざまな企業がデジタル化に取り組んで
います。「その仕事，デジタル化できたんだ！」といった具合に，「デジタ
ル視点」で従業員の仕事に関心を向けると気づくことがあるかもしれませ
ん。

エンゲージメントとは，「つながり」や「絆」という意味もあります。プロセス承認が欠乏することで，エンゲージメントが崩壊してしまう状況は何としても阻止しなければいけません。

■「貢献承認」の欠乏

私たちの仕事というのは，いろいろな人の貢献の連鎖で成り立っています。その貢献の連鎖の中に，私たちもいる。しかしながら，貢献できたという実感は，周囲のフィードバックがないと気づくことができない側面があります。また，職場で貢献できている実感がないと，モチベーションは上がらず，エンゲージメントも低下していきます。

「この前の件，どうもありがとう」，「先日は○○さんのおかげで助かったよ」など，貢献を承認するような声がけが，社内でどれくらい飛び交っているでしょうか？

感謝の気持ちを持つことは大切だとよくいわれます。しかしこれだけではまだ不十分だと思います。ではどうすればよいのか。「感謝の気持ちを持ち，相手に届けることが大切だ」と言い直すべきではないでしょうか？　感謝の気持ちは，それが相手に届くことで，お金ではない非金銭報酬になり得ます。だから，思っているだけでは十分ではないということです。

この貢献承認がないと，やりがいの低下につながり，ひいてはエンゲージメントの低下へと発展していきます。では貢献承認の実感を高めていくためには何が必要か？　何か特別なことや難易度の高いことをやる必要はまったくありません。「ありがとう」の5文字を伝えるだけで十分です。

大切なのは，小さな感謝の気持ちを伝えるべきことを探し，言葉で伝えること。これを職場で多くの従業員が実践すれば，その組織の好ましい企

業文化にも発展していきます。多くの従業員に貢献承認の実感を持たせ，エンゲージメントを高めていきたいものです。

　この章では，エンゲージメントを向上させるために必要な**土台部分**に着目し，その代表的なエンゲージメント上の5大疾病を学んでいただきました。

　一方で広く正しく自社のエンゲージメント状態をつかむためには，調査を行う必要があります。このエンゲージメント調査を実施する会社が年々増えていることは良いことです。しかし比例してうまくいっていない事例も増えているのは残念なことです。ではどうすれば，落とし穴に落ちないエンゲージメント調査を行うことができるのか。次の第3章で学んでいきましょう。

第 3 章

落とし穴に落ちない
「従業員エンゲージメント調査」

❶ 現在普及が進んでいる「従業員エンゲージメント調査」とは

　エンゲージメント向上のために必要なことは，まず現在地を知ることです。すなわち実態把握の調査を行うことが，はじめの一歩になります。人間の体も同じように，顔を見ているだけでは，胃が悪いのか？　腸が悪いのか？　わかりません。健康診断で血液検査を行ったりレントゲンをとったりして，体の状態を客観的につかむ必要があります。

　エンゲージメントも自社の実態把握のための調査を，アンケートを活用し実施します。このとき，顧客満足度アンケートのような形式でやってしまうと，必ず失敗します。エンゲージメントは，**顧客満足のような単純な方程式で正解を求められるものではありません**。いくつもの要因が複合的にからみ合って形成されたり，その時々の社会情勢や社内環境で左右されたりする側面もある。**問いと答えが遠い，複雑な連立方程式を解くような**難題でもあるからです。

❷ 「84％の企業・組織が落とし穴に落ちている」という残念な現実

　弊社ではここ数年，大規模なWeb講演を行っています。このWeb講演では投票機能があり，エンゲージメント調査の実態について投票を問いかけると，いつも驚くべき数字を目の当たりにするのです。投票への問いは次のようなものです。「エンゲージメント調査の結果を活用し，アクションに結び付けるための施策立案ができていますか？」

　YES or NOで投票してもらうと，YESと答えた割合はわずか16％にと

どまり，NOと答えた割合は84%に。残念なことに圧倒的にうまくいっていないケースが多く，実際弊社にも年々「エンゲージメント調査が活用できていない」という相談が増えているのが現状です。

　弊社でそのような相談会社のエンゲージメント調査を確認すると，以下のような落とし穴に落ちてしまっています。それぞれ解説していきましょう。

〔よくある従業員エンゲージメント調査の落とし穴〕

1．エンゲージメント調査の 設計面	2．エンゲージメト調査の 運用面
①　アンケートの精度が低い	①　改善策の検討が不十分
②　スコアの背景を読み解く従業員の生声がしっかり拾えていない	②　経営層との合意形成が不十分
③　分析のロジックが十分でない	③　従業員に調査結果をフィードバックしていない

❸ 落とし穴に落ちない従業員エンゲージメント調査の設計ポイント①

　それでは「エンゲージメント調査の設計面」での「落とし穴」と「対策」を，それぞれ確認していくことにしましょう。

　エンゲージメント調査の設計面でまず落とし穴に落ちないためには，入り口となるアンケートの精度が1つ大きなポイントになります。そのためには，エンゲージメントを正しく定義することが必要不可欠です。

　何をもってエンゲージメントと定義するか。弊社ではこれまで16年間，10万人以上の働く人の生声を分析してきました。その結果，なかなか掴み

どころが難しく，抽象的な概念でもあるエンゲージメントを，「**従業員エ
ンゲージメントロジックツリー**」で体系的に定義しています。このフレー
ムワークをベースに会社・組織ごとにカスタマイズを行い，アンケートの
設計をコンサルティングしています。

　アンケート設計を誤ってしまうと，エンゲージメントの正しい情報が収
集できず，その後のリカバリーができません。調査会社に言われるがまま
のアンケートで実施するのではなく，従業員エンゲージメントの正しい知
識を持ち，アンケート設計を行う必要があります。

〔従業員エンゲージメントロジックツリー〕

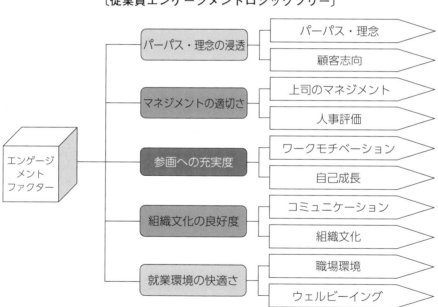

④　従業員エンゲージメントロジックツリーの解説

■パーパス・理念の浸透

　自社の存在意義を言語化した「パーパス」。コロナ禍で改めて存在意義を見直し，顧客や従業員まで含めたステークホルダーと共有する動きが加速しました。先が見えない時代だからこそ，自社がこれから何を目的に，どこに向かって進んでいこうとしているのか。明快な道標を示し社員をしっかり動機付けるために，この要素がエンゲージメントの構成要素として必要不可欠になります。

　この要素が高いことで，会社のミッション・ビジョンに期待感やワクワク感を持たせたり，この会社の社員であることの誇りも向上。将来この会社で働き続けることの価値や安心感などといった，従業員としての存在意義を持たせることができます。

　これまでのエンゲージメント調査の実績データからスコアの高い組織ほど，この「パーパス・理念の浸透」のスコアも高いという相関がわかっています。「パーパス・理念の浸透」が効果的であればあるほど，**エンゲージメントに好影響を与える**のです。

　ある意味，自分の人生を懸けて乗り込んできた船が，厳しい荒波の中どんなミッションでどこを目的地としてどんな航路で進んでいこうとしているのか。社員に明快に示せる羅針盤があるかどうかは，エンゲージメントを考える上で根幹をなす最も重要なことです。

　このような観点からもパーパス・理念を明らかにすること。そこからもう一歩突っ込んで価値観・行動指針まで具体的に落とし込むことをお勧め

します。この会社の社員として何をやるべきで，何をやってはいけないのかが明快になっていないと，人は自分の都合のいいように解釈し，それが要因でエンゲージメントが低下することもあるからです。

　また自社の**パーパス体系（パーパス，ビジョン，価値観，行動指針までを一体としたもの）**を明確にし，採用段階で応募者にきちんと説明し，理解し共感してもらった上で採用する必要があります。そうしないと採用後にミスマッチが起きてしまい，お互いに不本意な結果を招いてしまうからです。

　エンゲージメントのマネジメントの第一歩は「採用活動」にあります。いくらエンゲージメントを高める取組みを行ったとしても，そもそも自社のパーパス体系に理解・共感を寄せない社員を採用してしまえば，根っこの部分にギャップを生じます。このような状態では，成果を出すのは難しくなります。

　具体的には「パーパス・理念」と「顧客志向」にブレイクダウンすることができます。また具体的な向上施策については，第4章・第5章で企業事例を紹介しながら解説します。

■マネジメントの適切さ

　従業員が日々会社の中で受けるマネジメントも，エンゲージメントに大きな影響を与える構成要素の1つです。特にこの要素の中にある「上司のマネジメント」という項目。これまでのエンゲージメント調査の結果から，**この項目が「重要度のベスト1位になりやすい」**ということが，データ上明らかであるからです。

　読者の皆さんにも，上司の何気ない一言で傷ついたり，何気ない一言で救われたりといったような経験は，きっとあるでしょう。上司の不適切なマネジメントスキルが原因でエンゲージメントの崩壊に直結するケースも

あります。逆に上司に認めてもらっている承認感があったり，部下の気持ちを汲み取ったコミュニケーションが，エンゲージメントの向上をもたらします。

エンゲージメント調査を，営業所・支社・支店などの各サイトや部門ごとにセグメントして比較分析するとどうなるか。同じ会社のはずなのに，結果は大きくバラつくケースが多く見受けられます。**この変数に最も影響を与えているのが**，「上司のマネジメント」です。

この項目がエンゲージメント上，課題になっている原因は，管理者本人のコミュニケーションスキルやヒューマンスキルの不足や低下が多く見受けられます。

これまでに弊社の教育プログラムにある**マネージャーMQ（マネジメント知能指数）**を活用し，改善までを支援するケースが多々ありました。

人事評価制度もエンゲージメントのカギを握る要素であることはいうまでもありません。同時に社員全員を納得させる制度を構築することも難しいものであり，常に見直しが必要なテーマでもあります。

人事評価の制度そのものに欠陥があったり，好ましい人事評価の運用ができていないとエンゲージメント上の課題になるケースに。逆に納得感の高い人事評価の制度が整備され，評価結果を適切にフィードバックするなどの効果的な運用ができれば，これらは**非金銭報酬**となります。

中小企業の場合，人事評価制度を単に給与を決めるための道具としてしか運用できていないケースが意外と多いです。しかしこれではエンゲージメントを向上させる仕組みには成り得ません。

いつの時代にもビジネスパーソンのモチベーションを左右する，「上司のマネジメント」と「人事評価」。これらを非金銭報酬に変換し，エン

ゲージメントの向上につなげていく取組みが必要です。

　具体的な向上施策については，第7章・第9章で企業事例を紹介しなが
ら解説します。

■参画への充実度

　自社で働くことで，どれだけ働きがいや充実感を持って仕事ができてい
るか。また，自己成長を実感し今後のキャリアデザインをイメージできる
か。**優秀な人材ほどこの要素を重要視する**傾向が高いです。

　仕事内容に関してマンネリ化したり，間接部門などで達成感や承認感を
得にくい職種もあり，これらがエンゲージメント上の課題になることがあ
ります。近年の傾向として仕事のやり方や手順といったハウツー教育は熱
心に行っている一方で，仕事の意義や意味また役立ちや社会的貢献度と
いった**仕事の価値（バリュー）をあまり教えていない**ケースが多いようです。

　これでは仕事そのもので**内発的に動機付け**を行っていくことは困難です。
これらをエンゲージメントのドライバー（けん引役）に変えていく施策が，
今後必要になってきます。

　仕事で感じるやりがい，達成感，承認感，また仕事を通じて成長できて
いると実感できる成長実感。また将来にわたって自分のキャリアデザイン
が見通せる期待感。これらはエンゲージメントに大きな影響を与える要因
です。

　筆者も国家資格である「キャリアコンサルタント」の資格を取得してお
り，顧問企業でキャリア開発研修やキャリア面談を行うことがあります。

　私自身サラリーマン時代の悩みは，将来のキャリアデザインが描けない
ことでした。そのような状態では仕事へのモチベーションも上がらず，
悶々とした日々を送っていました。これが動機となり国家資格の取得に取
り組み，その過程でキャリアコンサルタントのスキルを習得。

　そのおかげで，まず自分自身のキャリアデザインを明確にすることができました。これができると今まで曇り空が続いてなにかスカッとしない天気が，一気に雲のない晴天に変わる。そのような心の中の変化が起こり，内発的に動機付けられます。

　将来のキャリアデザインが描けないと，長期的にモチベーションを維持することは難しくなります。社員が人生の節目でこれからの自分の人生を考えるとき，**会社と自分の将来像を重ね合わせられないと**，**優秀な人材ほど流出**してしまいます。

　今，従業員と会社の関係は相互拘束ではなく，相互選択の時代です。従業員を単なる労働力とみるのではなく，会社のパートナーとして従業員の人生も共に考えるスタンスが必要になってきています。

　自社の一員として，参画への充実感を抱かせる「ワークモチベーション」と「自己成長」にブレイクダウンし，エンゲージメントレベルをモニタリングしていく必要があります。

　具体的な向上施策については，第8章・第9章で企業事例を紹介しながら解説します。

■組織文化の良好度

　DX（デジタルトランスフォーメーション）の進展で意思伝達のスピードは格段に上がりました。一方でアナログなコミュニケーションが低減してしまい，「コミュニケーション報酬」という非金銭報酬が不足していないでしょうか？

　コミュニケーションは，組織の血液に例えることができます。コミュニケーションが不足すると，組織の動脈硬化や心筋梗塞を引き起こしてしまう。逆にコミュニケーションが良好だと，組織の末端まで必要な栄養を届けることが可能になります。コミュニケーションがエンゲージメントに影響を与えないはずがありません。

エンゲージメント調査でよくある課題の1つが，会社と従業員の認識の
ギャップ。経営陣や管理者は伝えたつもりでも，アンケートを集計分析す
ると従業員には伝わっていないということがよくあります。

　人が集まれば，そこには必ず風土や文化が形成されます。従業員を育む
土壌でもあり，従業員の考え方・感じ方・行動に影響を与える「組織文
化」が，エンゲージメントにさまざまな影響を与えています。
　また，優れた会社には必ずといってよいほど，好ましい組織文化が形成
されています。逆に，ニュースを騒がすような不祥事を起こしたり，業績
低迷に苦しむ会社には，間違いなく悪しき組織文化が存在しています。

　組織文化と聞くと，抽象的で小難しい印象がどうしてもありますが，わ
かりやすくいうと，**自社の「当たり前の水準」**のことです。例えば自社に
お客様が来たとき，どのような対応を行うか。会社によってそれぞれ異な
るでしょう。ある会社は必ず立ってお客様に挨拶する。これがこの会社の
社員として当たり前の対応として浸透している会社もあります。一方でお
客様から声がけがないと，無反応の会社も世の中にはあるのです。

　組織文化とは，トップがいないところで従業員が下す判断や行動……。
従業員が日々の問題解決のときに考える前提でもあるのです。この組織文
化の中核をなすものが「共通の価値観」です。パーパス・理念の浸透と相
関が高い部分ですが，「共通の価値観」の確立が，好ましい組織文化やエ
ンゲージメントの向上には必要不可欠な要素になります。
　組織文化の良好度を，「コミュニケーション」と「組織文化」の2つに
ブレイクダウンして，エンゲージメントレベルを確認していく必要があり
ます。具体的な向上施策については，第8章で企業事例を紹介しながら解
説します。

■就業環境の最適さ

　コロナ禍で大きく変化した私たちの就業環境。職場に行かずとも自宅で
テレワークができる仕事スタイルも浸透してきました。人生の大半を過ご
す職場環境も，仕事の生産性やモチベーションに大きな影響を与える，エ
ンゲージメント要素の1つです。

　従業員が安心して働くことができる職場環境，ウェルビーイングが実現
できる就業条件，基本的な労働条件などがこの要素に該当してきます。

　職場環境が好ましくないと，良いパフォーマンスを発揮することは難し
く，またエンゲージメントも低下します。昨今は職場の「**心理的安全性**」
が大切だともいわれています。エンゲージメント調査にある「職場環境」
では，ハード面とソフト面の両面から実態を把握。ハード面では例えば
「時代遅れで動きの遅い会社支給のパソコンは，年間19日分の従業員の仕
事時間を奪っている」というデータもあります。情報機器などを必要に応
じて最新のものにアップデートしていくことで，従業員と会社側の双方に
メリットがもたらされます。

　ソフト面でのポイントは，パワハラ・セクハラといった「**ハラスメン
ト**」のない**職場環境**を整備することが必要です。2020年6月1日からハラ
スメント防止を企業に義務付ける法律が施行されました。事案が発生して
しまうと，エンゲージメントが崩壊するだけでなく，行為者と企業側の双
方に法的措置が及んでしまいます。啓発をより一層強化していくことが必
要不可欠なテーマでもあります。

　次に必要なポイントは「ウェルビーイング」。ウェルビーイング（well-
being）**とは，身体的・精神的・社会的に良好な状態にあることを意味す

る概念で，「幸福」と翻訳されることも多い言葉です。従業員の健康と生産性に相関があるということで，従業員の健康増進を支援しようとする「健康経営」も普及してきています。

また，国の経済力を測るものさしの１つに，GDPがあります。

昨今ではGDPとは異なるものとして，GDWという指標が使われ始めています（GDWとは，「Gross Domestic Well-being」の略で「国内総充実」のことを指します。既存のGDPでは捉えきれない，社会に生きる１人ひとりのウェルビーイングを測定するための指標）。

ウェルビーイングとエンゲージメントは，相互に影響を受け合いながら，指数が変動する性質があります。従業員が心身ともに安心して仕事に打ち込める環境づくりが，エンゲージメント上も必要不可欠になってきます。

就業環境の最適さという観点から，「職場環境」と「ウェルビーイング」にブレイクダウンして，エンゲージメントレベルを確認していく必要があります。

❺ 落とし穴に落ちない従業員エンゲージメント調査の設計ポイント②

■従業員の生声がしっかりと拾えていない

「調査がうまくいっていない」という相談がある会社から，次のような声をよく聞きます。「スコア結果の良い悪いはわかったのだが，課題を改善するための施策がさっぱりわからない」。

次のポイントは，「**従業員の生声**」をエンゲージメント調査でしっかりとつかむことです。定量的なスコア回答だけでアンケートを設計すると，従業員の生声がつかめません。これでは定量的なスコア中心の調査結果しか確認できず，次のステップである施策検討がスムーズに進んでいかない

のです。理由は，「定量的」なスコアの裏側にある原因や背景は，「定性的」な従業員の生声を確認しないと究明できないからです。

　従業員の生声を確認することができて初めて，「現場でこんなことが起きていたのか」や「従業員は会社の方針をこんな風に受け止めていたのか」という手触り感のある実態がわかります。その結果，調査の定量的なスコアが，なぜこのようなスコアになっているのかが理解できます。これにより，上滑りしない施策の検討というステップへ移行することが可能になるのです。

　調査のゴールは，単なる実態の把握ではありません。エンゲージメントの向上がゴールです。定量的なスコア中心の結果では，ゴールは達成できません。定性的な従業員の生声から，スコアの裏側にある原因や背景をつかむことが極めて重要なわけです。

〔エンゲージメント調査には「従業員の生声」が必要不可欠〕

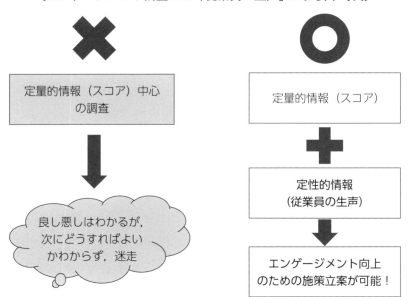

■分析のロジックが不十分

エンゲージメントアンケートの分析では，現状のエンゲージメントレベルを測る「実現度」を測ることは必要不可欠です。これに加えて分析のポイントとして，「重要度」も同時に測ることが肝要です。

理由は，「実現度が低い項目＝優先度が高い項目」とは限らないからです。したがってそもそもこの設問内容を，「**自社で働く従業員がどれくらい働く上で重要視しているのか**」という重要度の情報も収集することが大切なのです。

この実現度と重要度のクロス分析を行うことで，より改善の優先度が高い項目や逆に自社の強みを可視化することが可能になるのです。

〔エンゲージメントポートフォリオ分析〕

■エンゲージメントポートフォリオ分析
各質問項目ごとに「実現度」と「重要度」を回答してもらい，アンケートから特に社員のエンゲージメントに大きく影響を与える要因を分析します。
重要度を横軸に，実現度を縦軸にとって調査結果をプロットすることで，全社および組織（部門）別に重点改善項目が明確になります。

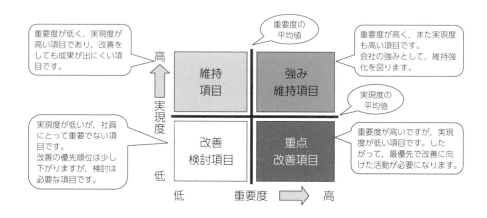

❻ 落とし穴に落ちない従業員エンゲージメント調査の運用ポイント

　次は「エンゲージメント調査の運用面」での「落とし穴」と「対策」を，それぞれ確認していくことにしましょう。

①　改善の施策検討が不十分

　エンゲージメント調査の運用面（アンケート後のアクション）では，施策の検討を十分に行う必要があります。これまで述べてきた「設計面」が十分でないと，施策の検討が機能しなくなるので，アンケートを実施する前の活動がやはり重要になってきます。

　施策を検討する際は，「**メイン施策**」と「**サブ施策**」に分けて検討を進めていくことをおすすめします。「メイン施策」とは，先ほど紹介した実現度と重要度のクロス分析で，右下にある「重点改善項目」へのアプローチになります。改善の難易度はさることながら，エンゲージメント上緊急性が高いため，メイン施策として検討を進める必要があります。

　「サブ施策」とは，改善の難易度が低くすぐにでもアクションを起こすことができる施策です。例えば従業員エンゲージメント調査の生声（フリーコメント）で，「人事評価制度の内容を知る機会がなく，よくわからない」という声が多数あがっているとします。この場合の施策は「人事評価制度の説明会を行う」，「人事評価制度の説明動画をつくり社内に展開する」というような内容になります。

　「メイン施策」は検討や実行に時間がかかるケースが多いため，すぐにでもアクションに移せる「サブ施策」を先行させながら，エンゲージメントを向上させていく必要があるのです。**そのために必要不可欠なことは，定性的情報である「従業員の生声」をつかむことなのです。**

② 経営層との合意形成が不十分

　1,000名を超えるような大企業で実施する場合，運用面でよくあるのが，「経営層との合意形成が不十分」という落とし穴です。調査後に施策を検討・実施する際，窓口の人事部・総務部は熱心に推進しようとする中で，経営層に意思決定してもらうテーマや後押しが必要な事項も出てきます。例えば「パーパスの見直しや浸透」というテーマです。

　エンゲージメント調査に取り組む重要性や必要性を実施前から理解してもらい，合意形成を行うことが肝要です。現在は上場企業から求められている「**人的資本の開示**」のテーマの中に「従業員エンゲージメント」の開示事例が増えています。

　このような潮流から，以前よりも経営層の理解は深まっていると思いますが，大企業で実施する場合は注意が必要です。

　経営層にはより一層，エンゲージメントを全社的な経営テーマとして認知してもらう必要があります。

③ 従業員に結果をフィードバックしていない

　運用面での最後の落とし穴は，調査結果を従業員にフィードバックしていないということです。アンケートを分析した結果について，回答した従業員としては気にしています。従業員から投げられたボールを返しキャッチボールを成立させるためにも，やはり**従業員にもきちんと結果をフィードバックする必要があります**。

　フィードバックする際は，分析したすべての情報を公開する必要はありません。集約した内容でも十分ですが，重要なポイントは，このプロセスを割愛しないということ。これに気づかずに，調査結果がよくわからない，施策も明確にできないという背景から，従業員へのフィードバックを割愛し，落とし穴に落ちている会社が多く見受けられます。

　エンゲージメントの改善は，会社が一方的に改善することばかりではなく，従業員に協力や要請を行うものも出てきます。結果を共有するプロセスを割愛することなく，さらなる対話の機会ととらえ，フィードバックを実施する必要があります。

　このフィードバックが割愛されると，次回アンケートを回答してもらう際の回答率が低下したり，アンケートへの回答姿勢がテキトーなものになるリスクが発生します。

❼ 従業員エンゲージメント調査の効果的なステップ＆フロー

　エンゲージメント調査は，ただやればいいというものではなく，やり方に外してはいけないツボがあります。またステップごとに落とし穴がいくつも存在し，私たちの行く手を阻みます。これらを本章では解説してきました。

　世界の潮流として，企業に財務情報以外の「非財務情報」の開示を求める動きが広まり，グローバル企業は人的資本の開示に対応しています。日本においても，有価証券報告書の提出が必要な上場企業（2023年3月期の決算を迎える企業）から，人的資本の内容を含む「非財務情報」の開示が義務付けられました。

　この人的資本の開示にあたり，従業員エンゲージメント調査の結果について公表する企業も出始めています。このためだけに調査をやるのはお勧めしませんが，今後実施する企業が増えていくことは間違いないでしょう。

　本章の内容を参考にし，エンゲージメントの向上につながる効果的な調査につなげてほしいものです。

〔エンゲージメント向上までの全体像〕

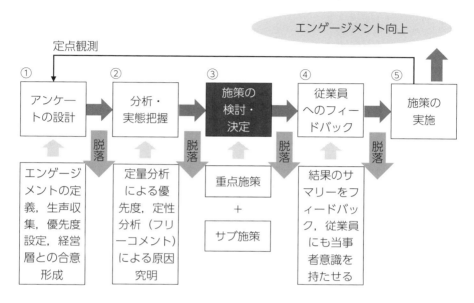

　エンゲージメント調査が効果的に実施できれば，「エンゲージメント向上」というゴール達成まで35%は達成できたも同然です。あとは調査後の施策とアクションです。これらについては，次の第4章以降でモデル企業の事例も確認しながら，学びを深めていくことにしましょう。

第 4 章

「エントリーマネジメント」で 従業員エンゲージメント向上

❶ エンゲージメント向上の「はじめの一歩」は採用活動

　従業員エンゲージメント向上のために，まず最初に押さえるべきステップはどこなのか？

　意外に思われるかもしれませんが，それは「**採用活動**」です。

　皆さんの会社では，どのような採用活動を行っているでしょうか？　待遇面の話や労働条件また福利厚生面の内容をアピールしようとしていたら，残念な採用活動といわざるを得ないでしょう。

■エントリーの段階で求職者に最も知らせるべきことは

　働く人にとって，給与や休みの話も大切な内容ではあります。しかしこれらにウェイトを置いた採用活動では，エンゲージメントの入り口でつまずいてしまうのです。会社がエントリーの段階で求職者に対して本当に伝えるべき内容はどのような情報でしょうか？
　待遇や労働条件をメインとした採用活動を行ってしまうと，条件面でしかつながっていない人を採用してしまい，採用後にミスマッチが起きてしまいます。また，ミスマッチとなった従業員に，さまざまなエンゲージメント向上の施策を打っても，上滑りしてしまうのは想像に難くないでしょう。最悪のケースは不満退職に発展していきます。

　これでは人繰りでつまずき，エンゲージメントの向上など遠い存在となってしまいます。このようなことを回避し，エンゲージメント向上につなげる採用活動はどうあるべきか？　答えは，パーパス（存在意義），ビ

ジョン，価値観，行動指針といった私たちが最も大切にしていることを，採用活動を通じて教え・共有すること。ここに一番重きを置く必要があるのです。

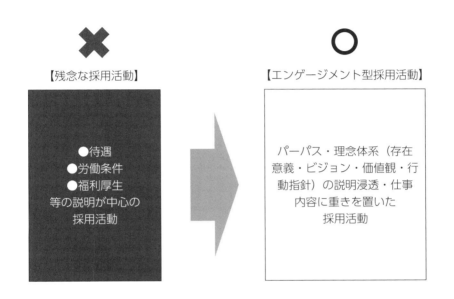

■**同志を採用しよう**

エンゲージメントとは，そもそも深いつながりや関係性という意味があります。会社と従業員の深いつながりや良好な関係性をつくるために必要なことは何か。それは**エントリーの段階で自社が大切にしたいことを，双方でしっかりと確認し合うこと**です。

心のベクトルを一致させ，同じ方向を向いた「**同志**」を採用することができれば，エンゲージメント向上のレールを敷くことができたも同然です。逆にこれができないと，エンゲージメントの向上は，極めて難しいものになるといわざるを得ません。

弊社では，採用活動は自社PRや説明の機会だけではなく，「**最初の教育の機会**」だと捉えることを提案しています。そして真っ先に教育すべき内容は，パーパス（存在意義），ビジョン，価値観，行動指針といった，私たちが最も大切にしたいことです。

　エンゲージメント向上のために，入り口のエントリーマネジメントが効果的になされているか？　自社の採用活動をもう一度見直してみることをおすすめします。

　ではどのような採用活動がエンゲージメントの向上につながるのか？これから具体的な企業事例で学びを深めていきましょう。

❷ 日本の観光産業をリードするエンゲージメント経営（星野リゾート）

　日本の観光産業をまさにリードする大きな存在でもあり，コロナ禍の経営危機を乗り越えた星野リゾート。エンゲージメントの高い組織づくりを実現している会社の好事例として紹介したいと思います。

■世界で通用するホテル運営会社

　「世界で通用するホテル運営会社」。これが現在の星野リゾートのビジョンです。ホテルのオペレーションに特化し，国内のみならず海外でも「おもてなし」や「ホスピタリティ」といった日本らしいアセット（資産）を武器に，ビジョンの実現を目指しています。

　この星野リゾートのビジョン実現に欠かすことができないのが，「戦略」と「価値観」です。星野リゾートでは以前からいくつかの戦略を掲げており，最近は主に「Service Team」，「Flat Culture」，「独自の魅力づくり」等を軸に経営を展開。なかでも「Flat Culture」を大事にしています。

■価値観を明確に定義

　星野リゾートでは，ビジョン，戦略と同じく重要なキーワードに「価値観」があります。価値観は掲げているだけのものではなく，戦略を実行するための前提のようなもの。全スタッフが価値観を共有することで，戦略の遂行スピードが高まり，顧客満足につながるといいます。

　価値観とは，社員が組織の中で，自由な発想と自らの判断で行動する上で前提となる"決まり事"。行動における制約であると同時に，全体として星野リゾートの組織文化を形成する大きな要素といえます。

　この価値観を同社では「**源泉ブック**」という一冊の本にまとめ，社員に配布しています。源泉ブックに書かれている価値観は以下の6つであり，実際にはそれぞれの項目でさらに詳細な内容が記載されています。

〔星野リゾート6つの価値観〕

①　法令順守
②　フラットな文化
③　Matureな組織
④　同僚への敬意
⑤　取引会社への礼儀
⑥　社員へのコミットメント

　価値観を日々のオペレーションに落とし込み，どのような行動が星野リゾートらしいのか，大事なのか。そして，源泉ブックの見直しも年に一度行っています。

■エンゲージメント重視の採用フロー

　同社では採用段階から価値観はもちろん，戦略やビジョンの共感を重視した施策を行っています。星野リゾートとのフィット感を応募者が自ら判断できる選考フローにすることで，入社後のミスマッチを防ごうとしています。選考フローはシンプルに2段階であり，**どのフローにおいても「共感」を意識しています**。ただし，ここでいう共感とは，星野リゾートからの一方的な押し付けではなく，本人に気づいてもらうことです。

フロー1：web de インターンシップとエントリーシート

　価値観とのフィット感を確認するパートと，スキルチェックをするパートに分かれるweb deインターンシップ。その名のとおり，Webテストでありながら，星野リゾートの組織文化，仕事を体感できるような工夫がされています。

　前半のパートでは，いくつかの質問にイエス・ノーで答えてもらうことで，応募者が星野リゾートの価値観や戦略に共感しているかどうかに気づいてもらう。具体的には以下のような質問ですが，ユニークな質問や斜め上から的な内容も用意し，求職者が飽きない工夫もしています。

【過去に実施した質問内容】
- 自分と違う意見の人にでも臆せず主張でき，相手の意見には誠実に耳を傾けることができる
- 対立する意見があるとイノベーションのチャンスだと感じる
- チームで働くことが楽しい
- 決まった答えがあるものよりも，答えのない問題を考えるのが好き
- 自分の成長を楽しみにしている人がきっといると思う

　すべての質問がイエスであれば，その人物は星野リゾートとベストマッチングということになるでしょう。しかしこの測定は求職者が自分に対する理解を深めてもらうことが狙いのため，選考基準としては使っていません。そのためイエスが30％でも次のフローに進むことはできます。

　後半は現場で働く際に必要となるスキルをチェックするパートです。同パートは選考も兼ねますが，前半と同様，星野リゾートで働くにはどのような思考やスキルが必要かを認識してもらうことが真の狙いです。そのため，ただのスキルチェックテストではなく，より現場のオペレーションを意識したケーススタディ的な内容になっており，星野リゾートならではの仕事のイメージを持てるような工夫がされています。

　上記web deインターンシップに加え，エントリーシートを提出すればフロー1が完了です。エントリーシートでは，小論文を課し，フロー1を経て，星野リゾートに対してどのように感じたのか。自身に対してどのような気づきがあったのか。それを自身の言葉で相手にわかりやすく伝える能力はあるか。これらを測っているといいます。

　このステップでも先と同じく，実際の業務内容を求職者にイメージしてもらうよう工夫しています。例えば勤務地はほぼ地方になるため，免許証や車の有無など具体的な質問も含まれます。さらに入社希望時期に関しては選択肢を複数設けており，自身で選択ができるなど，選考プロセスを通して自らキャリアデザインをするということを実現しています。

フロー2：面接
　複数回の面接を通して思考プロセスや回答内容から，何を感じたかを聴きながら相互理解を深めマッチングの度合いを確かめていきます。そのた

め選考というよりはお互いのマッチングを図る場である意味合いが強いのです。星野リゾートの企業としての認知は一定レベルを超えてきていますが，働く場としての認知度はまだまだ不足していると考えている。このような理由からできるだけ多くの候補者と，面接で話す機会を持つことを大切にしています。

　また，選考プロセスの移行率は常にチェックしていて，低い場合はすぐに話し合い，内容を改善しているそうです。また，社員へのインタビュー，実際に働いている様子を録画した動画などを公開することでも，価値観の合う人材からの応募率が高まるよう努めています。

　星野リゾートでは社員のエンゲージメントを高めるため，**自己理解や組織の価値観**についての理解を深めることが**大切**だと考え，このような採用エントリーマネジメントを行っています。採用以外でも同社の特徴的なエンゲージメント向上施策について，いくつか見ていくことにしましょう。

③　星野リゾートのエンゲージメントを高める組織文化

■フラットな組織文化

　星野リゾートでは，旅館・ホテルで毎月1回実施される経営会議に，全スタッフが参加できる仕組みになっています。通常このような会議の参加メンバーといえば役員のみだったり，管理職までといった参集メンバーで実施するのが一般的です。対照的に星野リゾートでは，パート・アルバイトを含む全スタッフに会社の情報をオープンにし，さまざまな課題を自由に議論してもらうようにしています。

　これは経営情報と意思決定プロセスを公開し，限られた経営資源の選択と集中の背景を理解してもらうことで，組織に対する不満や不信を発生させないという狙いもあります。

　また，組織の中にヒエラルキーがあると，言うべきことが言いにくくなり，誰が言ったかで反論の仕方が変わったりします。逆に，星野リゾートでは誰の意見かを気にするのではなく，どんな意見なのかが気になる文化を持とう，言いたいことを言いたい人に直接言えるコミュニケーションスタイルを持とう，という**フラットな組織**を目指しています。

　会社の意思決定がオープンにされていないことは，離職のきっかけに大きく関わってくるため，組織図よりも人間関係を重視し，情報の流れに規制をつけず，職責やポジションにかかわらず同じテーブルでざっくばらんに議論できる，フラットな組織文化を重視しています。

■社員の「一番知りたい」に応える

　新型コロナウイルスで大きな打撃を受けた業界の1つが観光業界です。この危機的状況を星野リゾートでは，どのように乗り越えたのか？　ヒントは同社の**組織文化**にありそうです。

　2020年5月，コロナ禍の真っ只中，星野佳路代表は全社員に自社の「倒産確率」を伝えました。その1か月前から「コロナ新環境を生き抜く」というタイトルで，毎週のように社員専用ブログに投稿していましたが，次第に社員からのリアクションが減りだしたことで，社員が本当に知りたいことに答えられていないと感じたようです。

　社員が一番知りたいことは何なのだろう。やはり自分の会社の置かれている状況に不安を感じているのではないか。

実際に「５月の倒産確率 38.5％」を発表すると，社員のリアクションは過去一番の数に増え，また「どうすれば確率を下げることができるのか」，「重要な項目は何か教えてほしい」といったコメントが続々と書き込まれました。それに対して星野代表も「売上」「コスト削減」「資金調達」という３つの指標と，「近場で過ごす『マイクロツーリズム』に徹底して取り組んでいこう」と呼びかけ，その考え方を示しました。

■エンゲージメントが強化され現場が自走する

　会社の戦略が伝わっていくと，社員は動きやすくなります。例えばコロナ禍で一時休止していたビュッフェは，顧客が再開を望んでいるという強いニーズを感じていた予約スタッフの提案により，2020年の夏には，感染対策を徹底した「新ノーマルビュッフェ」で再開ができたり，マイクロツーリズム圏内からのゲストに対する新たな魅力づくりが，各施設で進んだといいます。

　倒産確率をきっかけにした情報共有で，社員のエンゲージメントはむしろ強化され，倒産確率を下げるためには何をすべきなのかという発想で，各現場が自走していきました。これが結果としてコロナ禍という大きな経営危機を乗り越える原動力になったのです。

■大事なのは共有感

　星野代表曰く，こうした数値を発表すれば，かえって社員が動揺するという考え方もあるかもしれません。しかし，「会社がどうなってしまうかわからない」という点が，一番の動揺の原因になります。会社の状況を隠してもしようがないし，「大丈夫だ」とウソをついても，社員はそれがウソであることに気づきます。社員の間で「共有感」を持てるほうが大事なのです。

　私はこの倒産確率の発信により「社員が動揺する」という心配はしていませんでした。むしろ面白がってくれるのではないかと。社員からは「私たちの今の使命がはっきり見えました。明日からそれを実現するのが楽しみになりました」、「投稿で火がつきました」、「周囲を巻き込んで成果をつかんでいきます」といったコメントが寄せられました。**星野リゾートらしい，良い組織文化**になっていると感じました。

　組織で大切にしたい「価値観」や「組織文化」というのは，平時のときではなくむしろこのような有事のときに大きな力になってくれるものです。

■仕事の醍醐味を実感させ，エンゲージメントが向上

　星野リゾートでは，「お客様に褒められること」が社員のモチベーション要素になるとの考えから，宿泊されたお客様からの声に対して自らで考え，アイディアを提案できるよう，顧客満足度アンケートの分析と運用に力を入れています。

　通常の旅館・ホテルでは部屋に設置しているアンケートの回収率が，約5％ぐらいです。一方で星野リゾートでは顧客へアンケートを手渡しし，記入を直接お願いすることで，回収率30％を目指しています。

　顧客満足度アンケートの分析をしていると，ネガティブなコメントにばかり意識がいきがちですが，スタッフのモチベーションを上げる要素になる，顧客からのポジティブなコメントにも必ず着目します。その内容を他のスタッフに共有したり，顧客にさらに喜んでもらうためにはどうすればよいかをチームで考えたりすることで，**仕事の醍醐味**を味わおうということです。

　また，起きてしまったミスに対しては，犯人捜しをするのではなく，

「ミスを憎んで人を憎まず」との考えのもと，改善のための仕組みを作り，チーム全体で改善・対応をする方針をとっています。

　このように星野リゾートでは顧客満足度アンケートを，お客様の満足度の向上のみならず，スタッフのエンゲージメント向上にも活用し，この両輪を回していく取組みが行われているのです。

④ 新卒採用倍率20倍・内定辞退者ゼロのエンゲージメント経営（三和建設）

　75年の歴史があり，大阪に本社を構える建設会社の三和建設。同社の4代目の社長は森本尚孝氏です。2008年の社長就任から売上は2倍の115億円と飛躍的に成長しています。それを支えているのは，同社の人財。エンゲージメントも高く，今多くの企業で苦戦している人繰り（ひとぐり）でも成功している中小企業です。

　総合建設業ではありますが，代表的な建築物として，「サントリー山崎」などがあります。現在はマンション建設，食品工場，倉庫の3分野に対し，専門性に特化した事業ブランディングを行っている会社です。

　採用活動となるエントリーマネジメントを中心に，同社の高いエンゲージメントを形成する要因に迫っていきましょう。

■ひとによって選ばれる会社として永続する

　森本社長は4代目の社長就任後，ひとを経営の手段ではなく，経営の目的にしようと考え，「社員が活躍すること」を企業目的にしようとする，理念経営をスタートしていきます。

　なぜこのような想いに至ったのか？　背景は森本社長が入社した2001年

まで遡ります。"建設業冬の時代"といわれ，同社も経営の危機にありました。実際に多くの負債を抱え，資金繰りが厳しく経営危機に陥っていました。

　倒産回避が最優先事項で，ヒト・モノのリストラを加速させていきました。このリストラで最後に残ったのは「ひと」でした。三和建設の真の資産は「ひと」だと改めて気づき，この「ひと」を真ん中に据えた経営活動がスタートすることになります。

　建設会社は「ひと」の力がなにより必要な業界。「ひと」の価値を高め，「ひと」によって選ばれる会社として永続する会社にしようと舵を切ったのです。その中でも採用活動には極めて力を入れています。

■成長型・理念共感型のエンゲージメント採用

　現在，業界を問わず採用市場は，売り手優位の状況となっており，この状況は今後も長らく続いていくことが予測されます。そういう環境の中，**新卒の採用倍率は20倍，内定辞退者は**ゼロ。ここ数年は入社3年以内の新卒入社社員の離職率は1割程度と，新入社員の採用と定着に同社は成功しています。同社の採用活動の特徴は，**「成長型」・「理念共感型」**という2つのコンセプトがあります。

　実際に採用する学生は，同社の経営理念をはじめとする上位概念や方針を徹底的に理解し，それに心から共感できる学生に限られます。また，成長余力も重要視しており，採用活動を通じて，どれぐらい成長することができているかも，選考上大事な要素になっています。よって，**学生の成長に貢献するような選考**の設計にもなっているのです。

　これらの選考を実現するために，同社の採用活動は5段階の選考プロセスになっています。

① 会社説明会・第1次選考

大阪，東京で数回に分けて開催。トップライブとして，社長も自ら学生にメッセージを発信し，学生のQ&Aにも対応します。その後，三和建設の業務に関連するグループワークを行い，学生によるプレゼンテーションも実施。

② 第2次選考（宿泊選考）

1泊2日のグループワークで，自分自身の価値観や人生観を自己評価したり，グループワークを通じて望ましいチームワークやリーダーシップを体感します。その中で学生自ら将来の仕事観を確立し，最終日には学生によるプレゼンテーションを行います。

③ 第3次選考（就業体験・選考）

約2週間の通い型の就業体験で仕事への理解を深めます。希望する職種を中心として職場や工事現場に通い，社員へのヒヤリングや業務体験を通じて，職種に対する理解を深めます。最終日には学生によるプレゼンテーションを行います。

④ 第4次選考（社長面接）

社長とマンツーマンで面接を行います。

⑤ 第5次選考（最終選考）

最終選考及び学生によるプレゼンテーションを行います。

■1人の学生に費やす時間は138時間

この採用活動に，いったいどれくらいの労力をかけているのでしょうか？　同社では，1人の学生が内定までに社員と会った延べ時間は，なん

と**最大138時間**。一般的には数時間ぐらいで終わるケースも少なくありませんが，この数字だけみても，同社の採用活動への本気度がわかります。

　実際に採用するのは，経営理念をはじめとした三和建設の上位概念や方針を徹底的に理解し，それに心から共感できる学生だけです。毎年採用目標数は定めていますが，この基準に達しなければ定数を割っても採用していません。

　また，同社では「成長」も採用の重要な要素として捉えています。建設の職能は経験工学ともいわれ，何年もの経験を経て一人前に成長するといわれています。よって，スタート時点の能力というより，経験を重ね本人がどれくらい成長できるかという観点が重要。したがって，同社の5段階からなる選考プロセスを通じた学生の成長力を見ることも，大切な選考基準となっています。

❺　三和建設の採用優位性を支える理念浸透

■新入社員が相互にエンゲージメントを強化し合える秘訣

　同社では，2016年から採用を含めた新入社員への取組みを強化してきましたが，その一環として2018年に「ひとづくり寮」を完成させています。この寮のコンセプトは，「つくるひとをつくりあう，みんなの寮」です。

　新入社員は全員がこの寮に入り，寝食を共にし，1年間共同生活を送ります。**新入社員は孤立しやすく，また孤立に弱いものです。**また若年者で離職する要因として，多くの人が職場の人間関係をあげます。

よって新入社員の離職を防ぐためにも，孤立を防ぎ職場の仲間との連帯感を高めることはとても効果的であり，このひとづくり寮はうってつけです。

　このひとづくり寮があるおかげで，同社の新入社員は，仕事で悩みが生じたときに，身近に相談できる仲間がいるため，孤立を回避できます。また，新入社員同士のコミュニケーションが活発になり，「横のつながり」が強化されます。

　現在，一般的な平均として，新入社員が入社3年以内に離職する割合は，大卒で約3割，高卒にいたっては約4割となっています。一方，同社における新入社員が3年以内に離職する割合は，1割程度と定着率の高さを物語っています。

　このように新入社員の早期離職を防ぐために，社員同士が打ち解け，助け合い，相互にエンゲージメントを強化できる仕組みがあると効果的です。

■採用活動の学生でもすぐ覚えられる理念

　『つ く る ひ と を つ く る』

　同社の経営理念は，文字数は9文字で，誰もが簡単に覚えることができる「シンプル性」。全社員にとって共感でき，かつ等距離で捉えることができる「当事者性」。時代を超えた「普遍性」。これらを兼ね備えた経営理念になっています。

　前半にある「つくる」は，建物やものづくりをさし，後半にある「つくる」は，自分自身や仲間をつくることを意味しています。この経営理念には，「会社が倒産しても生きていける人財をつくる」という意味が込められています。また逆にそうなれば必然的に会社も倒産はしません。

　経営理念を策定する際，理念そのものが，理念の浸透にとってとても大切だと考え，自分ごととして捉えられる内容にしようと考え抜いたといいます。また理念は，経営者が本当に社員に伝えたいことが言語化されていないといけません。間違っても他社の真似をしたり，本から耳障りのいい言葉を持ってきてはいけないということです。読者の皆さんが所属する会社の経営理念は，そのような内容になっているでしょうか？

　現在は理念に代わって，パーパス（存在意義）が注目されています。理念やパーパスで社員を束ねていく組織運営がこれからますます重要になってきます。理念やパーパスの内容については，次の章で詳しく解説することにし，同社のエンゲージメント向上につながる他の施策も見ていきましょう。

■理念実現のために取り組むSANWAサミット

　同社では年に2回（4月と10月），丸1日かけて「SANWAサミット」と名前がついた全社会議を行っています。この全社会議を行うために，本社1階を改修して「ひとづくりホール」も設けています。

　この全社会議では，冒頭に社長からのトップメッセージとして，90分間にわたり熱い話があります。この中で経営理念を全社員に再確認してもらい，「つくるひとをつくる」に向けて会社がどのような取組みを行っているのかを話し，全社員に「つくるひとをつくる」に向けた行動を促しています。

　またこのSANWAサミットでは，仲間としての連帯感を強化する狙いもあります。過去に現場での孤独や困難や苦労に直面し，数か月で辞めたいと思っていた若手社員がいたといいます。そんなときに会議に参加し，久

しぶりに仲間と交流できたことで，自社に多くの仲間がいることを再認識。安心感や組織への誇りの気持ちに救われた，と振り返った社員もいたようです。

　森本社長は，**会議とは人を動かすための儀式**だと考え重要視しています。一方で会議を開くことや参加することが目的ではなく，参加した社員が何か1つでも行動に結び付く変化を起こすことが，会議に求められる成果だともいえるでしょう。

■エンゲージメントを向上させる社内日報システムSODA

　エンゲージメントを考える上で，組織の風通しやコミュニケーションは大切な要素の1つです。同社では，組織の風通しを良くするために，独自の日報システム「SODA」を自社開発し，運用を行っています。

　一般的な日報というのは，組織で働く者が上司に対して一方向的に提出するものですが，同社のSODAは違います。SODAの最大の特徴は双方向性と同時性です。書き込みができる掲示板はSNSのような形態になっており，インターネットを通じたブラウザ環境で使用しています。

　SODAでは，社内向けの報告・連絡・相談の受け皿として，記入した内容が入力次第即時に公開されるため，情報が瞬時に全方向で共有できます。

　この効果は大きく，まず報告の伝言ゲームのようなタイムロスがなく，タイムリーさが確保されます。そして1次情報がそのまま上層部に上がるので，誰かのバイアスがかかったり，上長によって不都合な情報が隠されたりすることもありません。

　社員の声は，いかなるフィルターにも邪魔されることなく，全方向に直接経営トップまで伝わる，そんな社員の安心感が高い仕組みになっていま

す。

　同社には「誰に対しても，言うべきときに，言うべきことをはっきりと述べ，そして傾聴します」という行動指針があります。この行動指針の大切さを社長自らが繰り返し伝えていることもあり，SODAでも率直でストレートな意見を書ける風土が形成されています。

　SODAに悩みや質問を書き込めば，必ず誰かが返答してくれるので，みんなに守ってもらっている安心感も醸成されているようです。また，SODAは社長自らも書くようになっており，社員は社長が日々何をしているのか知ることができます。

　SODAは，コミュニケーションを円滑にする社内SNSの機能だけでなく，誰がどんな経験をし，どんな見識を持っているかも共有できます。つまり個人の暗黙知が，組織の形式知になるデータベースの機能も有しており，ノウハウ・技術力の向上にも寄与しているといえるでしょう。

　SODAには閲覧のルールも定められていたり，重要度のインジケーターもあり，日報の優先度もわかる仕組みになっています。

　同社ではこのような仕組みを活用し，組織の風通しを良くすることで，エンゲージメントを向上させています。

❻　上司の魅力が学生をも魅了し採用力の源に

　ちょうど本書の原稿を執筆しているとき，大学4年生の長女が就活中でした。興味・関心のある業界をいくつか絞り，リクルートスーツに身を包み，長女なりに頑張っている様子です。当然親としては気になりますので，今どんな会社の面接を受けているのか？　第一志望・第二志望はどこなのか？　いろいろと聞いていきます。すると第一志望は，こちらの予想を覆

す意外な回答でした。

「今，アルバイトをしている会社が，一番行きたい第一志望！」

　長女は大学に入学してから，ずっとアパレルの店舗でアルバイトをして
きました。たしかにその会社は上場もしており，しっかりした会社のよう
です。しかしそんな理由だけで第一志望になるわけがないはず。どんな理
由でアルバイトをしている会社が第一志望なのか？　質問を重ねていきま
した。理由は次のようなものでした。

「仕事が楽しいから！」

　てっきり「仕事があまりきつくないから」や「福利厚生が充実している
から」といった回答がくるのでは？　と思っていたので，この回答にも意
表を突かれました。と同時に，学生から本音で「仕事が楽しい」と言わせ，
就活の第一志望にさせる会社もすごい。素直にこう感じたのです。

　**アルバイトから正社員になる採用ルートがつくれることは，会社として
とても効果的です。**理由は次のとおりです。入社する前に仕事内容や会社
のことがわかっているため，入社後のミスマッチは起こり得ない。またある
程度の実務経験があるため，即戦力として活躍してもらうまでのリード
タイムが短くて済む。などいろいろなメリットを会社側にもたらしてくれ
ます。

　学生に第一志望だと感じさせる要因を考えていくと，当然会社の仕組み
や組織文化も起因していることでしょう。しかし一番大きい要因は，働く
環境であり，突き詰めると一緒に働く人たちだろう。そう考えて長女に尋

ねると，次のような回答が返ってきました。

「**特に店長がいいので，アルバイトの仕事が楽しい！**」

　やはり店長の与える影響が大きかったのです。さらに，ではどんな店長かを聞いていくと，全国169店舗ある中で優秀な成績を残し，全国の店長会議で表彰されたとのこと。どうやら普通の店長ではないようです。従業員のエンゲージメントも高めながら，同時に高い成果をつくり出せる，理想の上司。学生である長女が，店長のどんなところに動機付けられているのか？　さらに究明していきました。すると次の4つのポイントが浮かびあがってきました。

■仕事の指示がわかりやすい：

　仕事の指示をする際，指示の伝達だけで終わらない。「なぜこの作業をしなければいけないのか？」，必ず理由や目的まで説明してくれる。よって仕事の覚えも速くなり，忘れることも少なくなる。

■「叱る」「褒める」のメリハリがある：

　仕事上で注意すべきことはきちんと指導し，良かった点はちゃんと見ていて，それを褒めてくれる。このメリハリがきちんとあるので，仕事に意欲的に取り組むことができる。

■分け隔てなく接する：

　ベテラン社員でもアルバイト学生でも同じように，指導したり接してくれる。さらにお客様と接するときと同じ笑顔と言葉づかいをしてくれる。よって店長への信頼が自然に高まっていく。

■自分自身が楽しく仕事をしようとする姿勢：

　お客様やスタッフが集まってくるお店にするには，まず店舗責任者である店長自身が楽しむことが大切。よってこの店長は出勤する際，「絶対私が一番楽しむぞ！」という気持ちで出勤し，店頭に出るとのこと。自分の楽しむ姿を見て，お客様やスタッフにもその楽しい気持ちが伝わるように心がけているようです。

　やはり**店長なりに好ましい役割を発揮しよう**と，さまざまな工夫をしていることがわかります。その結果，エンゲージメントを向上させ，売上も拡大し，アルバイト学生が入社したいという気持ちにさせている。そんな素晴らしい事例を身近に見つけることができました。

　無事長女も第一志望であるこの会社から内定をもらいました。彼女の中には，すでに4年間アルバイトとして一緒に働いてきた店長が，ロールモデルになっています。自分が行きたい会社に入社でき，かつ目標やお手本になる人が身近にいる。「こんな幸せなことはないね」と，長女と共に喜んだところでした。

　その後長女が参加した内定者オリエンテーションの内容をさらに聞くと，興味深い情報がまた確認できました。全国の店長さんたちに「社員として日頃意識していることは何か」と質問すると，次のような回答があったようです。

　「お客様だけではなく『スタッフ満足度』を社員が一番に考えること」

　やはり上司がどんな役割を発揮するかで，エンゲージメントも大きく変わり，採用にまで影響を与えていくのです。またその背景には，「**従業員**

満足度」を考えるエンゲージメント重視の企業文化があることは，いうまでもありません。

　効果的なエンゲージメント向上のためのはじめの一歩。それは「採用活動」にあるということがわかりました。

　読者の皆さんの組織における「採用活動」を，ブラッシュアップできる部分がないかどうか，この機会に見直されてはいかがでしょうか？　次の第5章では，エンゲージメント向上の本丸ともいえる，パーパス・理念の浸透について解説していくことにしましょう。

第 5 章

「パーパス浸透」で
従業員エンゲージメント向上

① 「伝える」定義を変えればエンゲージメントは向上する

「伝えたはずの情報が伝わっていなかった。」

　エンゲージメント調査でよくある課題の１つが，このような会社と従業員の認識のギャップ。経営陣や管理者は伝えたつもりでも，アンケートを集計分析すると**従業員に伝わっていない**，という事例がよくあります。

　ひと口に情報の未達といっても，各社異なった性質のテーマがあがってきます。大きなところでいくと「経営理念や経営方針が伝わっていない」。身近なところでは「作業指示が伝わっていない」など。組織を機能させるために必要な血液ともいえる「情報」が，きちんと隅々まで行き届かないと，エンゲージメントは低下します。

　また，必要な「情報」が末端まで行き届かないことは，単にエンゲージメントの低下という影響だけにとどまりません。組織の動脈硬化を引き起こし，**生産性やパフォーマンスの低下**にもつながります。

　このような調査結果を確認した経営者や管理者からは「これまで言ってきているのになぜ？」「やっているのになぜ？」と「？」マークが頭に浮かんでいるようです。まさしくこのようなギャップをエンゲージメント調査で明らかにし，埋める作業が必要なのです。

　ここで認識しておかなければならないのは，**コミュニケーションの決定権者は発信側ではなく，受信側にある**，というコミュニケーションの大原

則です。したがって経営者や管理者が発信した内容を受信したであろう従業員が「知らない」「聞いていない」という状態になっていれば，それは言っていないことと同じことなのです。

　伝達の漢字の意味もよく考えると，「伝」えたことが相手に「達」することで，初めて伝達したといえます。仮に一度説明したり文書で通知したりしたとしても相手に達していなければ，伝達したというアクションにはなりません。単に一方通行で発信したにすぎないということです。

　これはコミュニケーションが，双方向で機能していないことを意味します。その原因をひもとくヒントが，**「伝える」意味の日米の差**にあります。

　米国で「伝える」ときに用いる単語は，「CONVEY」や「DELIVER」です。これは**相手に届ける**という意味が込められています。日本人は，ややもすると口に出すことが伝えることだと，**安易な解釈**になっていないでしょうか？

　コミュニケーションの決定権は，発信側ではなく受信側にある。伝えたつもりで終わっていないか。本当に相手に届いたか。**伝えることのゴール**をもう一度考え直す必要があるのです。

　また昨今はインターネットやSNSなどの普及により，会社以外の多種多様で膨大な情報に私たちは日々さらされています。往々にして会社が従業員に届けるべき情報が，これらのノイズによって埋没してしまっている側面も考えられます。このような背景も考慮し，自社の従業員に本当に必要な情報が到達しているのかどうか。私たちはもっと危機感を持つ必要があるのではないでしょうか？

末端まで伝え浸透させたいものとして，**多くの会社で悩んでいるテーマ**が，「**パーパスや経営理念**」です。よって本章では，どのようにすれば最も伝えたい自社のパーパスや経営理念が浸透するのか。詳しく解説していくことにします。

❷ エンゲージメントの基盤となる「パーパス」

従業員エンゲージメント向上のために，基盤となる要素は何なのか？

それは**パーパス（存在意義）の浸透**だといっても過言ではありません。

コロナ禍の前までは，「理念」や「ミッション」という言い方が主流でしたが，コロナ禍で注目されたのは，「パーパス」でした。

全世界でコロナ禍によりさまざまな分断が起きました。これにより改めて自社の存在意義を問い直し，組織内や社外の人たちと共有する必要性が高まったのです。

一方で多くの会社や組織で，自社の存在意義も含めたところで理念やミッションを策定しているでしょう。よってパーパスと同じ意味だと解釈してもらってよいと考えます。

エンゲージメントとは，組織との良好なつながりや働きがいです。では何によって私たちは働く組織とエンゲージしていくのか？　組織がどんな存在意義（パーパス）を発揮し，どこを目的地（ビジョン）に進んでいくのか。やはり私たちはこのパーパスで，従業員を巻き込んでいく必要があります。

また，弊社のこれまで16年間のES調査・エンゲージメント調査の結果

を分析すると，「パーパスの浸透」が極めて重要なことがわかります。第2章❸でも解説したとおり，エンゲージメントが高い組織の調査結果を分析すると，「理念やパーパス」に関するスコアが圧倒的に高いという共通する傾向がありました。

　ということは，「理念やパーパス」のスコアを上げることが，全体のエンゲージメントスコアを押し上げることを意味しています。いかに「理念やパーパス」がエンゲージメントに大きな影響を与えているか。これまでの調査データから証明することができるのです。

〔パーパスとエンゲージメントの相関〕

パーパスのスコアが高い	＝	エンゲージメントのスコアも高まる
パーパスのスコアが低い	＝	エンゲージメントのスコアも低下する

❸　エンゲージメント向上に必要なパーパスの3要件

　ではエンゲージメント向上を実現するためのパーパスは，どんな要件が必要なのか？　それはパーパスの「**明確性**」，「**共感性**」，「**浸透度**」の3要

素をそれぞれ高めていくことです。

〔エンゲージメント向上に必要不可欠なパーパスの3要素〕

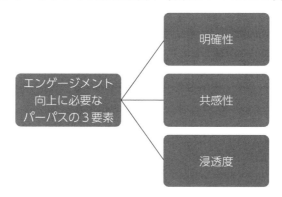

また，パーパスやビジョンだけを策定すれば，それで解決するかというと，まだまだこれだけでは道半ばです。「**パーパスやビジョンというのは，とても大きな話でリアリティーがない**」。これが現場の従業員のとらえ方で，要は自分の仕事に引き寄せて考えることが難しいわけです。

よって経営者や経営者に近い管理職また総務部や人事部など，パーパスに触れる機会が多い人たちとは，大きなギャップがあります。

経営層や総務・人事部の責任者は，この前提の違いを理解し，従業員と風景合わせをしていく必要があるのです。

④ パーパス体系からまずつくりあげる

そこで最初に取り組むべきことは，**パーパス・ビジョンを価値観や行動指針まで落とし込む**ことです。パーパス・ビジョンを実現していくために，どんな考え方を大切にしないといけないのかという「価値観」。この価値観を実践していくためには，どんなことを意識して行動していけばよいの

かという「行動指針」。というようにブレイクダウンさせる必要があります。

パーパス・ビジョンを実現していくためには，もちろん戦略・戦術も必要ですが，その前に心のベクトル合わせが必要です。**パーパス体系**（パーパス・ビジョン・バリュー・スタンダードが体系的に言語化されたもの）があれば，全社員の心のベクトルを合わせることができます。また一番のメリットは，**現場の従業員が自分の仕事に引き寄せて，自社のパーパス体系を理解しやすくなる**点です。

〔パーパス・理念体系を策定する〕

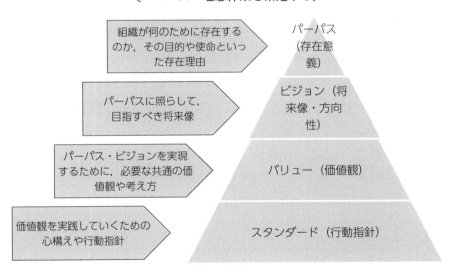

組織が何のために存在するのか，その目的や使命といった存在理由 → パーパス（存在意義）

パーパスに照らして，目指すべき将来像 → ビジョン（将来像・方向性）

パーパス・ビジョンを実現するために，必要な共通の価値観や考え方 → バリュー（価値観）

価値観を実践していくための心構えや行動指針 → スタンダード（行動指針）

会社経営は航海に例えることができます。

• パーパス

ビジネス市場という厳しく荒れ狂う大海原へ船（会社）を出す大義名分は何なのか？

- ビジョン

  いったいこの船（会社）が目指していく目的地はどこなのか？
- バリュー・スタンダード

  この航海の目的を達成・実現させるために，乗組員（従業員）が大切にしないといけない考え方や，とるべき行動またルールは何なのか？

　会社という船に人生を懸け乗り込んできた（入社した）従業員……。賃金や休日といった待遇面だけで従業員を根本からエンゲージしていくことはできません。特に今の若年者や新入社員は，まさにコロナ禍で，パーパスやSDGsを在学中や就活中に学び，社会に入ってきます。パーパス体系がきちんと整備されていないと，自社が求める従業員として動機付けていくことが困難になります。

❺ エンゲージメント向上に必要なパーパス「共感性」の高め方

　パーパス体系ができても，エンゲージメント向上に必要な，乗り越えるべき山があと2つあります。1つは「共感性」を高めることと，最後に「浸透度」を高めることです。

　まず「共感性」を高めるために必要なことは何でしょうか？　例えば意味は同じでも，若者受けする表現に見直すというアプローチです。例えば，星野リゾートでは「日本の観光産業に貢献しよう」というミッションを，ある時期から「日本の観光をヤバくする」という表現に変えています。

　さらに表現面でいうと，言葉を短くすることも大切なポイントになります。言葉は短くすればするほど，言葉の持つ力が強くなります。これは長

文だと人の理解が進まなかったり，覚えられないという障害になってしまうからです。以前は広告の業界でキャッチコピーは21文字以内という定説がありました。今はもっと短く，13文字以内といわれています。理由は，ネットニュースのタイトルが，おおよそ13文字以内に抑えられているからです。

　これらの理由から，従業員の理解を促し記憶の定着を図るには，文字数は短いほうがベターです。このような理由から，第4章❺で紹介した三和建設の「つくるひとをつくる」（9文字）は，理想的だといえます。

　そしてパーパスの「共感性」を高めるための最後のポイント。これは，**パーパス体系の言語化されたそれぞれの意味合いや背景を従業員に説明し，理解してもらうことです。**パーパスの浸透がうまくいっていないケースは，つくることだけで終わってしまい，このプロセスが割愛されています。

　人はその理由や背景を知り，「なるほど！」と思えないと，理解が進みませんし，記憶も定着していきません。パーパス体系をつくった後は，定期的に発信する機会をつくり，伝え続けていく必要があるのです。

❻ エンゲージメント向上に必要なパーパス「浸透度」の高め方

　パーパスの「明確性」と「共感性」をクリアすれば，最後の要件が「浸透度」を高めること。自社で大切にしたいパーパス体系を浸透させることができて，初めてエンゲージメント向上という大きな果実を得ることができるのです。ここでいう浸透の定義は何なのでしょうか？

　パーパス体系が浸透しているとは，**従業員が仕事の中で，パーパス体系の内容を意識した行動をとろうとしていること。**第2章❸で解説したとお

りです。要は頭でわかっただけでなく，行動につなげようとしているかどうかが，浸透の判断基準になります。

　パーパス・理念を浸透させるためには，大きく３つのステップが必要です。

ステップ①：全従業員で策定を行う
ステップ②：カタチにし存在感を持たせる
ステップ③：効果的な運用で補強する

　まず次にある現在の「浸透度」をチェックした後で，それぞれのステップで必要なことを解説していきます。

❼　パーパス体系の浸透度チェック

　読者の皆さんの中には，自社のパーパス体系がどれくらい浸透しているのか？　気になる人もいるでしょう。そこでエンゲージメント講演でよく紹介する，その場で簡単にできる「パーパス浸透度セルフチェック」を掲載します。No.１〜No.５までにそれぞれ，○・△・×で記入してみてください。

〔パーパス・理念の浸透度チェック〕
　※チェックしてみましょう！⇒○：できている，△：どちらともいえない，
　　×：できていない

No.	チェック項目	チェック	今後の対応（案）
1	パーパス・理念が明確になっているか？		パーパス・理念を見直し，より明確なものに再構築する
2	パーパス・理念が明確で，それを従業員は知っているか？		パーパス・理念の掲示や唱和などを実践し，周知徹底を図る

3	パーパス・理念を従業員は知っており，その意味するところを理解しているか？		パーパス・理念の説明会・勉強会を実施し，パーパス・理念の成り立ち・背景・意味合いを伝える
4	パーパス・理念の意味するところは，従業員に理解され，日常業務に反映されているか？		部門ごとでパーパス・理念を読み込み，ディスカッションしながら共通認識・解釈をつくる
5	パーパス・理念が浸透し，組織文化となり，日常業務の規範となっているか？		ある期間，的を絞って一つ一つ実践し，体質化する

　講演中，どこまで○が付いたか挙手してもらうと，多くの人がNo.2で止まっているのがわかります。No.3で手が挙がる人もいますが，No.4以上になるとほとんど手が挙がらないのが実態です。

　一方で私たちが目指したいゴールは，No.5で○が付く状態です。このゴールを達成するために，どうすれば良いのか？　パーパス体系を"倍速"で浸透させる効果的な方法を解説していくことにしましょう。

❽ パーパス体系を"倍速"で浸透させる効果的方法（ステップ１）

　パーパス体系を浸透させるための施策はいくつかあります。まず申し上げたいのは，「**策定段階から浸透が始まっていく**」という効果的なつくり方です。

　パーパス体系の上流にある，「パーパス（存在意義）orミッション（存在理由）」「ビジョン（将来のありたい姿）」などは，いうまでもなく，経営者や幹部で策定すべきもの。しかし従業員の浸透を目的にした場合，バリュー体系の下流にある「バリュー（価値観）」や「スタンダード（行動

指針）」は，**全従業員を巻き込んで策定したほうが良い**ということです。

　「価値観」や「行動指針」も，パーパス体系策定委員会など，一部の人たちだけで策定する。これが一般的なつくり方だと思います。しかし，これでは残念ながら「つくる」ことがゴールになり，「浸透」というエンゲージメント向上に必要不可欠なゴールを達成することができません。

　理由はいたって簡単です。人は，他人がつくったものには，思い入れや愛着を持つことは難しい側面があります。特に会社の指針やルールのようなものは，なおさらこの傾向が強いもの。よってどうしても**他人ゴト**にならざるを得ないのです。

　よってパーパス体系の下流にある「価値観」「行動指針」づくりは，全従業員にも参画してもらうことが，極めて有効な策定方法になるのです。弊社でもパーパス体系の策定＆浸透コンサルティングを行っています。まず策定の際は，コンサルティング先の全従業員から，価値観・行動指針の案を出してもらい，**全従業員が価値観・行動指針にきちんと向き合う機会をつくる**のです。

　最終的には，全従業員が考え言語化された価値観・行動指針の案を弊社で分析。その後，価値観・行動指針の統括案を提示し，コンサルティング先の経営層で最終決定をしてもらいます。このように，つくる段階から全従業員が参画したことで，最終決定された価値観・行動指針に対し，全従業員が好意的に受容できます。

　また策定には自分たちも一票投じているわけですから，出来上がったものに，思い入れや愛着も持たせやすくなる。何より，**自分ゴトとして捉えられる素地ができる**。これが一番大きな価値を生むことになります。

〔従業員が策定から参画することで生まれるパーパス・理念体系の浸透サイクル〕

　さらに自社で大切にしていく価値観・行動指針を考える機会が生まれることで、**貴重な教育機会**にもなり得ます。このプロセスを通じて従業員に、さまざまな気づきが生まれるからです。「仕事をする上で、改めて大切なことに気づかされた」、「自分の仕事のあるべき姿がより明確になった」、「今まで漠然と仕事をしていたことに気づいたので、改めていきたい」などの声を、コンサルティング先の従業員から聞くことがあります。

❾ パーパス体系を"倍速"で浸透させる効果的方法（ステップ２）

　全従業員の声を反映した価値観・行動指針が出来上がったら、まず**カタチにする**ことをおすすめします。弊社でコンサルティングする際は、手帳やスマホケースに収まるサイズ感になる、蛇腹タイプのハンドブックにしています。

　このように手元でいつでも見られるカタチにすることで，会社としての
本気度が，従業員に伝わります。ハンドブックを携帯し，ことあるごとに
見てもらい**リマインドを繰り返す**ことで，**意識付けが必然的に強化**されま
す。

　近年は手帳を持たない人も増えてきているので，スマホでスクロールし
て見られる画像も用意するようにしています。
　もちろんハンドブックの中身も大切です。決定されたパーパス・ビジョ
ン・バリューだけを記すのではなく，特にパーパスやビジョンはその背景
や意味合いを記したり，その中に出てくる言葉の定義などを記すと，より
説得力のある内容に仕上げることが可能になります。

❿ パーパス体系を"倍速"で浸透させる効果的方法 （ステップ3）

　エンゲージメント向上を実現するためのパーパス浸透。最後のステップ
3は「運用編」です。この運用編はさらに3つの要件で構成されています。

要件①：パーパス体系を「**目標**」として機能させる
要件②：パーパス体系を「**振り返る機会**」をセットする
要件③：パーパス体系を「**賞賛する機会**」をつくる
　それでは1つひとつ，ひもといていきましょう。

① 　パーパス体系を「**目標**」として機能させる

　パーパス体系をつくりカタチにした後は，「忘れさせない」「意識させ続ける」運用上の工夫が必要不可欠です。そこでまず押さえたいのがパーパス体系を「目標」に変換し意識させること。

　パーパス体系の下流にあるコアバリュー（価値観・行動指針）の実行を，目標として設定するというやり方です。一般的にこのコアバリューは少ないところで3つ，多いところでは10個くらい設定しているケースが見受けられます。おすすめの数は5〜6ぐらいです。3つだと少ないですし，逆に多すぎると意識がどうしても分散されるためです。

　ではこの目標は，どんな時間軸で設定するとよいのでしょうか？　考えられる時間軸は日次・週次・月次・年次という単位です。弊社のコンサルティング事例でいくと，日次と月次の事例が多いので簡単に説明します。
　例えば日次で設定する際は，朝礼時や就業開始時に今日1日実践するコアバリューを決めてもらうのです。朝礼で発言したり，社内の情報ツールに入力したり，アウトプットしてもらうことができれば効果的です。
　月次で設定する際は，月間コアバリューシートを準備し運用します。今月重点的に実践していくコアバリューは何か。そのコアバリューを実践し，どんな成果に結び付けたいのか。そのための行動計画は？　月末時点での達成度はどうだったか？　このような項目を設計したシートを運用することで，パーパス体系を目標として機能させることが可能になるのです。

② パーパス体系を「振り返る機会」をセットする

　パーパス体系の浸透度を高める次の要件は，「**振り返る機会**」をつくることです。弊社のコンサルティングでは，半期や年次というタイミングでワークショップを企画し，振り返りのサポートを行っています。

　まずコアバリューがどれだけ実行できたかどうか？　コアバリューを意識した実践により，どんな変化や成果があったのか？　等のテーマを設定し，個人の振り返りからグループワークも実施。振り返りのクオリティを上げることで，また一段と浸透度を高めてくれる貴重な機会になります。
　目標として機能させるというところで説明した，日次や月次の運用面でも振り返りの機会を持たせることは可能です。できることから実践を考えてみてはいかがでしょうか？

③ パーパス体系を「賞賛する機会」をつくる

　パーパス体系の浸透度を高める最後にとどめを刺すアクションは何か。それは**パーパス体系を実践している人を賞賛するアワード（表彰）制度**。それぞれのコアバリューごとに，職場で最も実践している人を従業員に投票してもらい，結果を公表するものです。弊社でコンサルティングする際は，先に解説した振り返りのワークショップの最後に，投票まで行ってもらいます。

　投票を考えることで，またコアバリューの振り返りや考察する機会になり得ます。また職場の仲間の良い点を見つける機会にもなります。表彰された方は，モチベーションやエンゲージメントアップとなり，さらに模範的な行動をとろうとしていきます。

　このように表彰まで行うことで，組織開発のさまざまな成果をつくるこ

とにつながります。そして何より「ああ，パーパス体系って飾り物ではないんだ，本気で浸透させようとしているんだ」という意識を，従業員に植え付けさせることができるのです。

　パーパス体系を浸透させることができれば，健全な組織状態を維持するためのワクチンにもなり得ます。

　従業員は日々インターネットやSNSを通じて，膨大なノイズにさらされています。また人間は自分勝手な解釈をしてしまい，ネガティブな思考や感情が生まれることもあります。従業員がこのようなネガティブな状況に陥らないためにも，**従業員の意識をパーパス体系で埋めてあげる必要がある**のです。

　なお，パーパス体系の掲示や唱和といった施策は，本書で取り上げるまでもなく，浸透のためには最低限の取組みとなります。またここからさらに発展させていくには，「人事評価」に反映させていくアプローチがありますので，第9章で解説したいと思います。

　この章では，エンゲージメント向上において本丸ともいえる「パーパス・理念」の浸透方法について詳しく解説してきました。パーパス・理念の浸透に終わりはありません。組織が存続していく限り，やり続けていかなければいけない不変のテーマでもあります。

　まずはパーパス・理念体系そのものを見直してみる。次に浸透方法が現在のやり方で十分なのか振り返ることを推奨します。

　次の第6章では，パーパス・理念体系を浸透させることができれば，組織にどのような果実がもたらされるのか。モデル企業の事例を参考に学びを深めていきましょう。

第 6 章

「組織文化」で
従業員エンゲージメント向上

❶ パーパス浸透の最終ゴールは何なのか？

　パーパス体系を浸透させる大きな目的は，エンゲージメントの向上。このことはいうまでもないことですが，まだその先にゴールがあります。それはいったい何でしょうか？

　好ましい「組織文化」の形成，これが最終的なゴールです。

　他の会社の商品・サービスを真似することは，そんなに難しいことではありません。しかし「組織文化」は簡単に真似することができない。だからこそ，商品やサービス以上に**「組織文化」そのものが「競争優位性」になり得る**のです。

　私たちは，常に複数の競争相手の中から選ばれ続けないと，組織を維持・存続させることはできません。
　この基盤となる無形資産が，好ましい組織文化なのです。昨今では上場企業から決算報告を行う際，売上・利益といった財務情報だけではなく，人的資本に関する非財務情報も開示することが義務化されました。
　「組織文化」こそ，企業の無形資産の最たるものなのです。先に事例でもご紹介した，星野リゾートや三和建設も好ましい組織文化が形成されていることは想像に難くありません。

　エンゲージメント向上から好ましい組織文化を形成している他の事例も，これから見ていくことにしましょう。
　以前「日経トップリーダー」というビジネス誌から取材を受け，ES・エンゲージメントのモデル企業を紹介したことがあります。その後実際に

記事として紹介された企業2社（チロルチョコ・照栄建設）を紹介したいと思います。

❷ 「笑顔の連鎖をつくる」エンゲージメント経営（チロルチョコ）

■すべては "笑顔" のために

　チロルチョコ，日本人なら誰しもが一度は口にしたことがあるお菓子ではないでしょうか？　もうすぐ創業120年を迎える日本を代表する福岡発祥の老舗お菓子メーカーです。現在の松尾裕二社長は創業家の4代目。**「笑顔の連鎖をつくる」**エンゲージメント経営を推進しています。

　毎年弊社の調査でES・エンゲージメントの実態を把握した上で，さまざまな施策を展開しています。このES・エンゲージメント経営そのものに，ロイヤリティを抱く社員が増加中です。「社員の声に耳を傾け，変革していく会社」という組織内で新たなブランドが，今まさに出来上がりつつある会社です。

「あなた」を笑顔にする

　これは，チロルチョコのミッション（使命）です。エンゲージメント経営へ舵を切った2019年に，従来の理念からMVM（ミッション・ビジョン・モットー）を見直し再策定しました。

　さて，ここでいう「あなた」というキーワードを見て，皆さんはまずはじめに誰を連想するでしょうか？　ミッションの説明文には，こう記され

ています。

　「良い会社・商品・仕事は，どのように生まれるのか。それは笑顔の
先にあると信じています。
　社員が笑顔で働ける会社で良い商品を創り，お客様の笑顔に繋がり，
また社員が笑顔になる。その笑顔が連鎖して家族やお得意さまも笑顔に
なる。私達に関係する全ての「あなた」を笑顔にすることが私達の使命
です。」

　これは「社員の笑顔」が最初にあって，そこから笑顔の連鎖が始まると
いうこと。松尾社長としては，この順番をとても大切にしています。まず
は社内にいる社員から，楽しく笑って仕事をしている状況をつくりたい，
身近な人に笑顔でいてほしい。そんな想いが込められています。
　ミッションの浸透については，先に記した施策等を弊社からも提案し，
さまざまなアクションを起こしています。例えばミッション体系をカタチ
にすべく，財布に入る名刺サイズのミッション体系カードを毎年つくり，
全従業員に配布しています。

■社長による全社員との1on1でこころの距離を近づける

　第1回のES・エンゲージメント調査後に，最初に行った施策。これが
社長と全社員による1on1（個人面談）でした。数か月かけて対面で，
松尾社長が1人ひとりの社員と向き合いたいと実施。松尾社長が認識して
いた実態と，調査結果に大きなギャップがあったことも，実施の大きな理
由の1つでした。
　なかには非常に緊張している社員もいたそうですが，普段はなかなか社
長に言えないことも，この機会だからといろいろ話をしてくれる社員もい
たそうです。

　経営陣と社員の距離を近づけ，好ましい組織文化づくりの施策として，「**タウンホールミーティング**」という施策があります。

　大きな組織になると社長を含む役員が，拠点や事業部などの現場に出向き，ざっくばらんに意見交換を行う機会があります。そこで経営陣は現場の声を聴くことができ，現場は経営陣のメッセージをダイレクトに受け取ることができます。

　経営陣は組織文化の伝道師のようなもの。好ましい組織文化づくりに，トップがダイレクトに語りかけ，現場の声にも耳を傾けるアクションはとても有効です。このような機会を通じて双方の心の距離が近づき，トップの想いや考えが現場に届きやすくなるからです。

　チロルチョコでもこのようなアクションからスタートしたことで，社員から認識される会社のブランドイメージが大きく向上しています。調査結果では，同社の社員からのフリーコメントとして，次のような生声を確認することがあります。

「良い会社にしていこうとする社長の想いが伝わってきて，さまざまな施策も実際に行われています。笑顔のための取組み，感謝しかないです。」

■情報共有を工夫しエンゲージメント

　社長と全社員との1on1後，次に取り組んだのは，情報共有の改善アクションです。

　社員の「知りたい」に応えながら，経営陣の想いや考えを現場と共有し，エンゲージメント向上を図る目的でスタートしたのが「**社内報**」の創刊です。これも調査結果から有効な施策になるだろうと実施を決定。月1回の頻度で，A3サイズの両面にカラーでまとめた社内報を制作し，毎月の給与明細と同時に配布しています。

内容は，トップからのメッセージ，イベントの告知や結果，売上の進捗状況，社員の紹介，商品の評判，顧客の声，とバランス良く多岐にわたっています。

　エンゲージメント向上がうまくいっている会社に共通する施策の1つが，「社内報」の運用です。**人は情報が共有されると，信頼されているという認識を持つ生き物**。これがポジティブな感情を抱くことにつながるのです。結果として共有すべき情報を共有しつつ，エンゲージメント向上にも寄与してくれる施策になり得ます。

　特に社内報でエンゲージメント調査結果の概要を共有したり，エンゲージメント施策の案内や結果また進捗状況を掲載すると効果的です。なによりエンゲージメント向上へアクティブに動いている姿を，社員に示すことにつながるからです。

　同社の「夜メール」というエンゲージメント向上施策も有効に機能しています。退勤前に「今日1日，何をしたのか」という業務報告に，プライベートな出来事や関心事を添え，メンバー全員に送信。まず1つの部署からスタートさせ，軌道に乗った段階で他の部署にも水平展開し，現在は制度として確立しています。

　単なる業務内容の共有を超え，その人の人となりを知る機会にもつながり，コミュニケーションのクオリティ向上につながっている点が効果的です。この夜メールは社長にも送信されるため，必要であれば個別に返信したり，部署間をまたいで転送したりしているとのこと。このメールへの対応が，松尾社長の朝の出勤直後のルーティンになっているようです。

❸ エンゲージメントを向上させる「スマイルPROJECT」とは？

■スマイルPROJECTで笑顔の総量を増やす

　チロルチョコでは，先に紹介した施策も含めES・エンゲージメント向上の取組みを，「スマイルPROJECT」と称して展開しています。

　「人」にかかわるプロジェクトとしては，エンゲージメントに多大な影響を及ぼす「幹部・管理者」へのアプローチを実施。次の章でも解説する「マネージャーMQ」というプログラムや，「幹部の信条づくり」というコンサルティングで弊社もサポートし実施しています。

　「福利厚生」に関するプロジェクトとしては，年間休日の増加を実施しました。製造業なので業績に直結するシビアなテーマですが，ウェルビーイングの観点から大胆に断行しています。他にも家族手当（配偶者・子ども手当）の拡充，インフルエンザの予防接種費用負担，人間ドック費用の補助支援など，社員の健康や幸福感向上に支援の手を広げています。

　またコロナの影響も緩和されたことで，春に全社員が対面で一堂に会する「全社大会」を実施しています。この大会では，松尾社長から決算報告や今期の経営方針がまず説明され，またES・エンゲージメント調査の結果報告および改善プロジェクトも同時に発表されます。

　これに加え昨年からは秋に「チロルサミット」と称する全社員が集まる社内イベントもスタート。このサミットでは，松尾社長からのトップメッセージ以外に，春の全社大会で紹介された改善プロジェクトの結果や進捗状況も発表されます。また「盛り上げ隊」というチームが編成され，サ

ミットを盛り上げるさまざまな企画がボトムアップで提案され，実行されています。実際に全社員参加型のクイズ大会を催し，大いに盛り上がったようです。

このような施策を通じて，社員参加型のカラーを強めることができ，徐々にES・エンゲージメントの自分ゴト化が進んでいるとのこと。全社員の一体感を高める取組みにつながっています。

■ 「6S活動」でエンゲージメントを高めアジアの舞台へ

「職場環境」に関するプロジェクトでは，ハード面の整備はもちろんのこと，同社ならではのユニークな取組みがあります。それが「6S活動」というものです。一般的に製造業の現場では，品質向上・生産性向上のため「5S活動」が大切だといわれています（5Sとは，整理・整頓・清掃・清潔・躾の頭文字のSをつなげた造語）。

同社ではこの5Sに加え"スマイル"のSを加えて，「6S活動」を推進しています。従業員が笑顔で仕事をしていくために必要なことは，小さなことでも実行していこう。同社のミッションを現場レベルに落とし込む施策として展開しています。「人事評価」の改善も同社の大きな柱となる施策で精力的に実施しています。

このように調査で定期的に実態を把握し，その都度さまざまな施策を展開。速いスピードで好ましい「組織文化」が形成されていることを身近で感じている，エンゲージメント経営の1社です。2020年にはベトナム工場も稼働し，日本からアジアへ「笑顔の連鎖」を広げようとしている同社の成長は，エンゲージメントの向上と共に続いていきます。

❹ 「イズムの継承」を可能にするエンゲージメント経営 （照栄建設）

■信頼という基盤から成り立つエンゲージメント

　日経トップリーダーで紹介されたもう１社は，2022年に創業50周年を迎えエンゲージメント経営に取り組む照栄建設です。同社へも弊社の調査やコンサルティングで関わっており，組織文化のモデル企業の１社といっても過言ではないでしょう。

　アジアの玄関口ともいえる福岡で，オフィスビル・医療関連施設・商業施設・ホテル・マンション・アパート・戸建てと幅広いジャンルの建物を建設し，地域の街づくりに貢献しています。
　『あなたと"夢"のカタチをつくる』をパーパスとして掲げる同社は，竣工後こそ建物の真価が問われると考え，いち早く引き渡し後の24時間アフターサービス対応を実施。地場ゼネコンのトップクラスとして業界をリードし，顧客・地域・協力会社からも大きな信頼を寄せられています。

　人の話題になると，財務的な話から遠のいてしまうこともありますが，同社では財務基盤も強固です。多大な資金を必要とする業態でありながら，現在は自己資本でまかなう無借金経営も貫いており，**エンゲージメントの向上が業績面にも好影響を与える**ことを物語っています。

■理念体系を常に意識できる環境づくり

　同社の理念体系は，経営理念・経営方針・価値観・行動指針の４階層で構成されています。2017年，現在の冨永一幹社長が社長に就任するタイミ

ングで，創業者の想いや経営哲学を言語化すべく，理念体系を策定しています。

理念体系の浸透にも余念がありません。早くから『経営理念体系ハンドブック』をつくり，全社員が自社オリジナルの手帳に挟み込んで携帯。常に意識できる環境を整備しています。陳腐化しないよう常に見直しも行い，初版からこれまで3回バージョンアップも行っています。もちろん情報機器で見たい人は，ハンドブックの内容を画像にし，スマホやタブレットに取り込んでいます。

■ 『コーポレートガイドブック』で組織文化づくりを補強する

理念体系以外にも，同社の好ましい組織文化づくりへの取組みはまだ続きます。冷静に考えると理念体系以外にも，組織内で共有すべき情報はたくさんあります。例えば，社内コミュニケーションのルールや，電話・メールの対応方法，関連法規など。数えだしたらキリがありません。

ひと昔前は，初めて海外に行く際に，『地球の歩き方』というガイドブックを購入し，情報収集するのが常でした。初めて入社する社員からすると，会社も海外とまではいきませんが，未知の世界に等しいものです。だったら，「会社の歩き方」のようなものが必要ではないかと考え，弊社では『コーポレートガイドブック』の制作を支援しています。

『コーポレートガイドブック』とは，まさに「会社の歩き方」を1冊の本にしたようなもの。同社でも『コーポレートガイドブック』を制作し，全社で心のベクトルを合わせています。

どんな内容のものなのか。会社の創業・歴史から始まり沿革，社員としての基本態度や心得，場面別での対応ルール，知っておくべき法律，部署ごとの毎日・毎月の業務，社内用語集などをまとめた力作です。ページ数は150ページに及びます。『経営理念体系ハンドブック』と『コーポレート

ガイドブック』の2つを見れば，社員の誰もが照栄建設のことを詳しく語れます。

　採用活動や社内研修などでも役立たせることができる，万能ツールになっているといっても過言ではないでしょう。

■教育の機会損失を起こさない最強ツールに

　特に『コーポレートガイドブック』は，新入社員研修で大きな力を発揮してくれます。2020年4月の緊急事態宣言が出されたタイミングでは，新入社員教育の真っ只中で，多くの会社で中断を余儀なくされたことでしょう。

　一方，同社では，『コーポレートガイドブック』があったおかげで，教育の機会損失を生むことなく，新入社員教育が遂行できています。また昨今のZ世代やミレニアム世代といった若年者の特徴の1つは，質問をしようとしないこと。別のいい方をすれば，「**検索世代**」といってもよいでしょう。問題なのは，検索でアクションが止まってしまうことです。

　一方で，会社内でわからないことは，ネットで検索しても答えはないことが大半です。周囲を見渡すと先輩社員は忙しそうに仕事をしている。すると質問するというアクションが減っていき，わからないことがどんどん増え，ストレスが増大します。やがて職場で孤立して離職するというケースが，現在一般企業で起きています。

　『コーポレートガイドブック』は，このように「教育」と「人的資本」の機会損失を起こさない役割を発揮してくれます。「同じことを何度も聞かれ，その対応にストレスが増大してしまう」，「教えてあげたいんだけど，忙しくて手が回らない」，このような思いを新入社員の教育を担当した人なら，実感したことがあると思います。

　一方で逆に教えてもらう新入社員は，検索世代ということもあり，質問

というアクションへのハードルがそもそも高い。先輩社員へ声をかけづらい雰囲気を感じるなど，教えを乞うことへ強いストレスを感じているのです。『コーポレートガイドブック』は，この**双方のストレス軽減**になります。

❺　好ましい「組織文化」を支える仕組みとは

■「リーダー教育」で組織文化を強固なものに

照栄建設では社員をコストではなく資産とみなし，その価値を高めていく「**人的資本経営**」にも着手しています。その代表的な施策が，幹部や管理職へ実施している「リーダー研修」です。

そもそも組織文化は，どのようにしてできるのでしょう？

組織文化は，その会社で働く従業員の言動の蓄積で形成されます。その従業員の言動に大きな影響を与えるのが，トップやリーダー層にほかなりません。

リーダー層にその自覚を深め，もっと戦略的に組織文化を形成していこうと，同社ではリーダー層の教育に力を注いでいます。毎年階層別（部長層・課長層・係長層）に社員を選抜し，弊社もサポートする形で半年間くらいの期間をかけ実施するものです。

プログラム内容としては，次のようなテーマで，講師からの一方的なレクチャーにとどまりません。受講者の主体性を引き出す目的で，グループワークのようなワークショップをいくつも設計。知識の習得で終わるのではなく，実践を重視した研修スタイルが，このプログラムの特徴です。

- 役割理解
- 自己理解
- 方針展開
- 部下育成
- 人間力
- 経営数値
- 理念浸透
- リーダーの信条

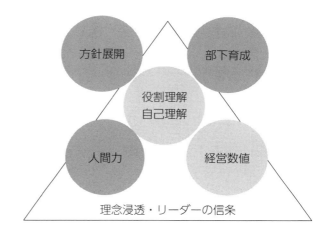

　直近のリーダー研修での最後の受講者発表では，次のような声が聞かれました。

　「グループワークでたくさんの他者の考えや意見を知ることができ，多くの学びや気づきを深めることができた。」

　「単なる知識レベルではなく，照栄建設のリーダーとして役割を腹落ちさせることができた。」

　「改めて理念や組織文化の大切さを痛感することができた，これからは自分たちが照栄イズムを継承していく。」

　このようにリーダー層の意識を啓発し，リーダのスキルUPを実現することが，同社の組織文化を支える要因になっているのです。

■人事評価制度で「人づくり」の技術を高める

　リーダー教育以外にも，教育の仕組みとして「人事評価制度の運用」があります。

　「成長支援システム」というWeb入力できるシステムを活用し，年2回の頻度で，自己評価や1次評価・2次評価をスマート運用しています。

　同社の人事評価の目的は，査定ではなく，**「社員の成長支援」**。このコン

セプトで運用することで，人づくり，組織文化づくり，につなげているのです。

　人事評価の設計面での特徴は，理念体系の中にある「行動指針」を評価項目に取り入れて評価。成果や能力だけ高ければ良いのではなく，同社の大切にしている理念や行動指針の実践も評価対象です。これにより意識付けと浸透を図っています。これ以外の評価項目としては「成果」や「目標達成度」と職種別に期待する「能力」があります。職種別の能力評価は，14種類に細かく分類され，職種ごとに適正な評価ができる仕組みになっています。

　人事評価の運用面では，**結果のフィードバックを確実に実施**。このフィードバック面談を確実かつ効果的に実施できると，人材育成につなげることができます。そのための準備として，同社では年2回の評価前に以下の事項を必ず行っています。

①　被評価者向けの説明動画づくり

　人事評価制度を効果的なものにするためには，評価を受ける被評価者にも役割や必要な心構えがある。これらの内容を動画で撮影し，自己評価の前に全社員に視聴してもらい，人事評価のベクトル合わせを行います。

②　評価者研修

　評価者の適正な評価や結果のフィードバック面談が必要不可欠なことはいうまでもないこと。適正な評価を行うためのポイントを学び，結果のフィードバック面談のロールプレイングといったトレーニングを行い，本番の評価に備えます。

　弊社でも継続して評価者研修を支援していますが，先日，第11回目とな

る研修が終わりました。フィードバック面談のロールプレイングの様子を
見ていますが，回を重ねるごとにレベルアップしている様子がわかります。

　このフィードバック面談では，日頃話せないようなことが話せたり，承
認することができたり，質の高い**指導の機会**になります。そしてこの
フィードバック面談スキルは，人づくりの技術につながっていきます。人
づくりが組織づくりになり，その積み重ねが，やがて組織文化へと発展し
ていくのです。

■他社にも認知される組織文化

　同社のリーダー研修を支援している中で驚くのは，社員の口から「照栄
イズム」という言葉が出てくることです。イズムとは，主義・主張・哲学
を意味する言葉です。組織文化の根っこにあるものといってもよいでしょ
う。こういう言葉が社員の口から出てくるのは，組織文化の基盤となる確
たるものが存在しているからにほかなりません。

　「謙虚になれ」，「人間性を高めよ」，「協調性や協力関係を重んじる」な
ど，実際に同社で設定している行動指針が7つあります。同社のことを長
年よく知る協力会社からも，次のような声を実際に聞いています。

　「照栄建設のように，現場で困ったときには全社で一致団結して協力し
ながら，目標工期を必ず達成する建設会社は他にないですよ。」

　現在，さまざまな業界で，高齢化による技術やノウハウの伝承の必要性
が叫ばれています。これに加えて「イズムや理念」の伝承も大切なテーマ
だということを，同社が示してくれているのではないでしょうか？

⑥ 「理念」を「事業戦略」「個人目標」に落とし込む エンゲージメント経営（JA宮崎中央会）

■JAの理念をエンゲージメントの柱に据える

　日本の農業や畜産業を支える組織として，全国津々浦々で支援活動を行っているJA。その中でも，エンゲージメント経営に取り組んでいるのが，JA宮崎中央会です。宮崎県内に13あるJAに対して，さまざまな経営のサポートを行い，多岐にわたる支援を行っている組織です。

　弊社でも13から成り立つJAグループ宮崎で働く約4,000名に対して，エンゲージメントの調査を行ったこともありますが，今回はJA宮崎中央会の事例を紹介したいと思います。

　JA宮崎中央会でも弊社で支援した調査後，「経営理念」「事業戦略」を重点改善項目として捉え改善活動を実施しています。まず「経営理念」と「ビジョン」また「行動指針」の見直しを行い，新たな内容のものを言語化しました。

　これまでは「協同組合原則」をはじめとする協同の理念や，「農協法」等に準拠した運営を行っており，独自の理念やビジョンは明文化されていなかったとのこと。この軸となる理念やビジョンを確立することが，職場活性化やエンゲージメント向上の柱になると考えたのです。

　経営理念・ビジョン・行動指針は，階層ごとの会議体で議論し，全職員を巻き込み策定。第5章でも解説したように，好ましい策定方法で推進しています。しかしJA宮崎中央会が秀逸なのは，次の取組みにつなげていった点です。

■「意義目標」の設定で理念・パーパスを自分ゴトに

　JA宮崎中央会では，経営理念の実現こそが組織の命題であると考え，理念の具現化にコミットメント。経営理念を実現できる事業計画になっているかを，検証し見直す仕組みを導入したのです。そこで見直した事業計画をもとに，個人ごとの行動計画に落とし込んでいきます。

　この事業計画を見直す際，新たに行っているのが**「意義目標」の設定**です。経営理念やビジョンに照らして，本来各部署が事業を通じて目指すべき目標は何なのか？　ということを明らかにするようにしたのです。

　これによって理念と事業計画の連動がより明確化されました。また次のステップは，個人の目標管理シートの作成へと進んでいきます。これによって**理念と自分の仕事のつながりを考えることができる**仕組みへと大きく改善されたのです。

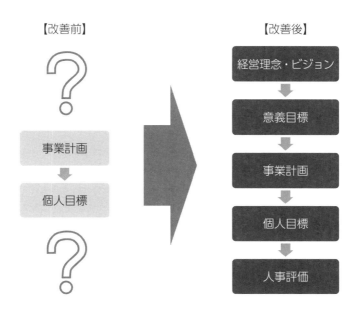

さらに理念とのつながりを考えながら作成した個人目標は，人事考課にも反映をさせています。

　一般的には，理念やパーパス体系をつくって満足してしまう。そこでアクションが終わってしまう。そういうケースが多く見受けられます。これではエンゲージメント向上や好ましい組織文化を形成する，という果実を得ることはできません。理念やパーパスの浸透を本気で推進していくための有効なスキームを，JA宮崎中央会の事例が示してくれているのではないでしょうか？

　パーパス・理念の浸透は，エンゲージメントを向上させてくれるだけでなく，組織の競争優位性となる「組織文化」の形成につながる。このことを本章で学ぶことができました。
　パーパス・理念の浸透が実現できれば，大きな山を乗り越えたといっても過言ではないでしょう。そしてエンゲージメント上，次に乗り越える山が，「上司の役割発揮」です。次の第7章ではこのテーマについて解説していくことにしましょう。

第 7 章

「上司の役割発揮」で
従業員エンゲージメント向上

❶ エンゲージメントに多大な影響を与える上司の役割

　パーパス・理念の浸透の次に取り組みたいのは，「上司」の役割発揮を，好ましいものにしていくことです。これまで16年間，エンゲージメントの調査を行ってきてわかったこと。それは働く上で上司の存在に，これほどまでに左右されるか，ということです。

　理由は次のとおりです。エンゲージメントアンケートの回答を行う際，設問ごとに「重要度」を５段階で回答してもらいます。結果を分析すると「上司のマネジメント」という項目が，**重要度のベスト１位になりやすい**のです。

　これは何を意味しているのでしょうか？　上司のマネジメントが相応しいと，エンゲージメント向上に直結しやすく，逆に好ましくないとエンゲージメントは悪化・崩壊する，ということを示唆しているのです。

■エンゲージメント型上司に求められる６つの筋力
　（マネージャーMQ）

　昨今の健康志向の高まりで，ジムに通ったり，また自宅で筋トレをする人が増えています。ご多分に漏れず，著者もその１人です。現代は寿命が伸び続けている長寿社会。「貯筋」などという新語も生まれ，お金と同等に大切な資産として，筋力の維持・強化が叫ばれています。

　筋肉とは，使わないと落ちていき，使えば使うほど増強されるという性質があります。上司に求められる能力や役割発揮も，同じ側面があります。特にエンゲージメントと相関の高い上司の行動は，その傾向が高いのです。
　これまで16年間のエンゲージメント調査結果の分析から，エンゲージメ

ントと相関の高い，**上司に求められる筋力**を次の6つにカテゴライズすることができます。

〔上司に求められる3つのスキルと6つの筋力〕

マネジメントスキル	Ⅰ．達成志向力
	物事や課題に対して前向きに志向したり，取り組もうとする行動やスキルを，どれくらい発揮しようとしているかを測る領域。上司として達成志向を効果的に発揮し，他者をモチベートしていく必要があります。
	Ⅱ．論理的思考力
	仕事上の課題や達成すべき目標の達成に向けて，どれくらい論理的なスキルを発揮しようとしているかを測る領域。上司として論理的志向を効果的に発揮し，業務を円滑に混乱なくリードしていく必要があります。
ヒューマンスキル	Ⅲ．使命感
	マネージャーとしてのミッションや期待されている役割を自覚し，これらを自らの行動に反映しようとしているかを測る領域。上司として使命感を自覚・発揮し，周囲との合意形成を図りながら，他者を巻き込んでいく必要があります。
	Ⅳ．思いやり
	マネージャーとして，他者への思いやりを持ち，人間味を感じさせながら，行動しようとしているかを測る領域。上司として思いやりを発揮し，人としての魅力も高めながら，必要なサポートを行っていく必要があります。
コミュニケーションスキル	Ⅴ．発信力
	対人関係の構築・維持に必要なコミュニケーションの発信力を測る領域。上司として，コミュニケーションの発信スキルを使い，他者に対して適切に働きかけを行い，より好ましい人間関係を構築・維持していく必要があります。
	Ⅵ．受信力
	対人関係の構築・維持に必要なコミュニケーションの受信力を測る領域。上司として，コミュニケーションの受信スキルを使い，他者を適切に受容し，的確な状況把握と関係構築を行っていく必要があります。

　上司としてどの筋力がどれくらいついているか，どの筋力が鍛えられていないか。エンゲージメント向上につながる上司の筋力アップをするためには，まず現在の筋力を知る必要があります。

そこで弊社で開発したのが、「マネージャーMQ」（MQとはマネジメント指数を表す弊社でつくった造語です）というプログラムです。自分の現在地をつかみ、どんなトレーニングをすれば筋力アップにつながるのかを提供するソリューションです。また、パーソナルトレーナーのように、個人別にフォローアップする仕組みも完備しています。

6つの筋力カテゴリーからさらに細分化し、21個のエンゲージメントと相関の高い筋力を細かく分析することができます。

〔マネージャーMQでエンゲージメントに求められる行動特性を可視化〕

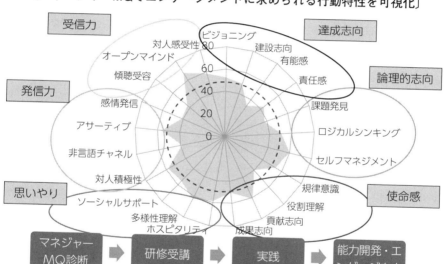

例えば、このマネージャーMQ21要素の中に「オープンマインド」という要素があります。この要素のスコアが低い場合は、上司が部下に対して自己開示をあまりしていない。すると部下も同様にこの上司に対して自己開示をしようとせず、その結果、部下から上司に上がってくる「報連相」の情報量が少なくなってしまいます。

　このような事象から，上司としては得られる情報量が少ないため，指示が後手後手に回ったり，タイミングの良い介入や助言もできません。マネージャーとして仕事がしにくい，パフォーマンスが上がりにくい環境を，自分の「オープンマインド」が低いことが起因して，自らつくってしまっているのです。

　これまでの管理職研修などを通じて，上司としてやるべき行動が何なのかを頭ではわかっている人は多いでしょう。しかしながら，実際に行動として発揮できなければ，何の価値もありません。このようなアセスメントの力を借りることで，**「知っている」**ことと**「やっている」**ことの差異を知ることができます。

　では，この「オープンマインド」を開発するためにどうすればいいのか。例えば具体的アクションとして，「部下に対して自分の過去の失敗談を話す」という行動が有効です。
　上司が部下に対して自分の過去の失敗談を話すことができれば，それを聴いた部下は，その上司に対して自分の失敗を報告しやすくなる。その結果，マネージャーが入手しないといけない情報がきちんと共有化できます。場合によってはその後，その失敗に対して指導まで行うことが可能になります。こうやって上司は，上司に求められる役割が発揮できるようになるのです。

■困難な上司の変革も“可能”にできる４つの条件（IFSS）

　あの管理職が変わってくれさえすれば…。精神障害に起因する労災申請の主な理由件数のトップは「上司とのトラブル」です。このような上司が変わることは，そんなに簡単なことではないという側面もあります。一方，弊社で考案した**IFSSの４要件**がきちんと備われば，それが可能になります。

I：**インパクトがある**（衝撃的で，今までにない新鮮な気づきがある）

F：**腑に落ちる**（納得感が高く，自分の心にグサッと刺さる）

S：**ソリューションがある**（これから何をどうすればいいかイメージできる）

S：**サポートがある**（支援や協力してくれる人が周囲にいる）

　例えば360度評価がうまくいかないのは，F（腑に落ちる）が満たされていないことが要因です。単発の研修で効果が上がらないのは，S（サポート）が欠落していることが要因になります。ちなみに「マネージャーMQ」は，この4要件を満たし，上司の自己変革を後押しするプログラムとして設計されています。社内で管理職教育などを企画する際，IFSSの4要件が満たされているか，チェックすると良いでしょう。

■自分のマネージャーMQをチェックしてみよう

　上司に必要なマネージャーMQは十分に発揮できているかどうか。本来のマネージャーMQの診断は，Web上で132問の設問に回答することで21の要素ごとに偏差値でスコアを確認することができます。本書では簡易なチェックリストを掲載しているので，参考までにセルフチェックをしてみてください。

〔マネージャーMQ簡易セルフチェックリスト〕

No.	チェック項目	はい	いいえ
1	自分自身や自部署の目標やあるべき姿を尋ねられたら，すぐに答えられる。		
2	どちらかというと，物事の明るい面を見ようとしている。		
3	仕事の指示をする際は，目的や背景についても伝えるようにしている。		

4	周囲から期待されていることなど，自分の果たすべき役割については把握しているほうだ。		
5	部下のちょっとした行動の変化に気づき，介入することができている。		
6	自分の考えを伝達する際は，手振り・身振りや表情も使っている。		
7	部下に対して自分のことは隠さずに，自己開示しているほうだ。		
8	話をしている部下の気持ちも，的確に推測できるほうだ。		

　セルフチェックの結果はどうでしたか？　ふだん上司として必要なマネージャーMQが発揮できていましたか？　マネージャーMQを適切に発揮することができれば，周囲と良好な関係が築かれ，自分自身も上司として仕事がやりやすくなります。

　またマネージャーMQは筋力ですから，今からでも開発が可能です。先ほどのチェック項目に対する要素の意味と開発のためのヒントを，次に示しています。参考にしていただき，未開発領域の筋力を鍛えながら，マネージャーMQの効果的な発揮につなげてください。

〔マネージャーMQ開発のヒント〕

No.	マネージャーMQ要素	マネージャーMQ要素の意味	マネージャーMQ開発のヒント
1	ビジョニング	あるべき姿や達成すべき目標は何かを，常に明確にしようとしているか。	短期・中期・長期の自分自身や所属部署の目標を紙に書き出し，見えるところに張り出す。
2	建設志向	できない理由ではなくどうすればできるか，物事を建設的に捉えようとしているか。	自己会話の段階からポジティブな言葉を意識して使う。

3	ロジカルシンキング	仕事の指示出しなど，論理的に考えて伝達しながら，相手に理解や納得感を得られる行動が取れているか。	何かをアウトプットしようとする際は，まず紙に書き出してみて，自分の考えをしっかり整理してから，行動に移るようにする。
4	役割理解	周囲からの期待を察知し，自分の果たすべき役割を認識し，果たそうとしているか。	自分自身が周囲に与えている印象や期待について，周囲のメンバーに尋ね客観的に把握する。
5	ソーシャルサポート	他者のちょっとした行動の変化に気づき，支援の働きかけを行っているか。	部下の行動の変化に気づいたら，迷わずに声かけを行い介入する。
6	非言語チャネル	言葉以外の手振り・身振りなどを使いながら，自分の主張を相手に伝えているか。	部下へ自分の考えを伝える際，手振り・身振り・表情・話し方なども意識して使う。
7	オープンマインド	他者に対して心を閉ざすことなく，自分のことについて自己開示を行っているか。	部下に自分の過去の小さな失敗談を話す。
8	対人感受性	他者の言葉の裏側にある気持ちまでをきちんとつかもうとしているか。	話を聴く際，相手の表情やしぐさから，相手の真意や気持ちを推測するようにする。

　どんな仕事も自分ひとりで完結するものはほとんどなく，やはりいろいろな人の協力がないと完結しないものばかりです。まして上司という管理者の立場になればなおさらのこと。マネージャーMQは，エンゲージメントという観点を外したとしても，**上司として必須のスキル**だと捉えてもよいのではないでしょうか。

❷ エンゲージメント向上に上司を導く，「幹部・リーダーの信条」

■自社エンゲージメント仕様に，上司の行動を導くには
（幹部・リーダーの信条）

　パーパス浸透（第5章）や組織文化（第6章）の章で，「言語化」と「浸透」の大きな効果性に触れました。エンゲージメント向上に必要な，上司の役割発揮の部分でも同じことがいえます。

　自社のエンゲージメントを高めていくために，上司となる幹部や管理者またリーダークラスには，どのような役割や行動が必要なのか。明確に定義し，浸透させていく必要があるのです。

　このような理由から弊社では「**幹部＆リーダーの信条**」づくりコンサルティングを行っています。自社のエンゲージメント上の課題を洗い出し，これらを解決していくため，上司はどのような役割や行動が必要か。当事者となる幹部や管理職層でまずディスカッションを行います。

　このディスカッションを深めながら，上司が持つべき大切な価値観や行動指針はどういったものなのか。具体的な言葉や文章に落とし込んでいきます。言語化したものは，きちんとしたカタチにすべく，デザイン性の高い蛇腹タイプのカードにします（サイズは名刺サイズ）。

　カタチにするプロセスが終わったら次のステップは，浸透のプロセスです。日次・月次・半期・年次とそれぞれの時間軸や周期で「幹部＆リーダーの信条」を活用する施策を決め実行していきます。この「幹部＆リーダーの信条」が本当に浸透してくると，社内の雰囲気や組織風土も大きく変える力になってくれます。

前章で紹介したチロルチョコ，照栄建設，次の節で出てくる山本設備工業でも，エンゲージメント向上施策として取り組んでいます。エンゲージメント向上に，上司が発揮すべき役割や行動は，画一的ではありません。各社ごとに置かれた環境や背景は違います。よって，一般論で済ませるのではなく，自社仕様に必ずカスタマイズしていくプロセスが必要なのです。

　次に示すフローに従い実行していけば，自社における「幹部・リーダーの信条」ができます。

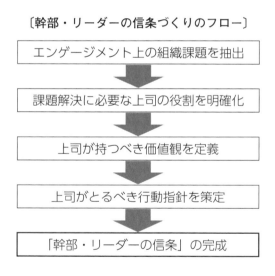

〔幹部・リーダーの信条づくりのフロー〕

エンゲージメント上の組織課題を抽出

課題解決に必要な上司の役割を明確化

上司が持つべき価値観を定義

上司がとるべき行動指針を策定

「幹部・リーダーの信条」の完成

❸ 「離職率1％」を可能にするエンゲージメント経営（山本設備工業）

■かつては離職率10％という苦い経験から脱却

　人手不足。今多くの業界，そして会社で頭を悩ます大きな経営課題の1

128

つといえるでしょう。"虎の子"で採用した社員が辞めないように，各社さまざまな策を講じ，実施しようとしているのではないでしょうか？

新卒で採用し，2〜3年で辞められたら，**会社側の損失は1,000万円を超える**こともあります。決して決算書に出てくることはありませんが，離職した社員にかけた採用広告費，教育費，人件費，などが水の泡となるからです。さらに新規採用で新たなコストが増加します。実に経営の大きな機会損失といえるでしょう。

山本設備工業も，かつては離職率が10％を超えてしまうほど，人材が流出し頭を抱える時代がありました。アジアの玄関口・福岡で，創業60年を超える歴史を持ち，水道工事・空調工事などの設備工事で地域に貢献している会社です。

同社の経営理念は「誠実さと確かな技術で"快適"をつくりまもる」。私たちの快適な暮らしに欠かすことができない水と空気。これらを設備工事を通じてつくりだし，24時間アフターサービス対応で，守ってくれています。地域貢献・SDGsにも積極的に取り組み，建設会社や地域住民からも厚い信頼を寄せられています。

設備工事の業界も高齢化が進み，人手の確保に苦労している業界の1つ。同社も**一時は離職率が10％を超えた**時代から，**現在の離職率は1％台へと大幅に改善**。どのようにして，エンゲージメントを向上させ，人が定着する会社へと生まれ変わったのか？　その経営の秘訣をこれからひもといていきましょう。

■上司の変革を改善の1丁目1番地に

第6章で紹介した照栄建設との付き合いが以前からあった関係で，弊社をご紹介いただき，その後弊社セミナーに同社の山本慎一社長が参加。

ES・エンゲージメント向上の歩みがスタートすることになりました。

　最初に，現状を正しく把握するためのES・エンゲージメント調査を実施。アンケート内容を分析すると，いくつかの課題を明確にすることができました。また直近の離職の理由についても，この調査で社員からの声を集め分析。組織文化に大きな課題がある，という見立てを行ったのです。

　最初に著者も同社を訪れた際，活気がない印象を受けたのが正直な印象でした。その原因を調査でつかむことができたわけです。弊社の調査では，「組織風土」という項目が，同一の危機感，共通の価値観，自信と信頼，感謝の気持ち，高い欲求水準という5つの小項目で構成されています。これらのスコアが伸び悩んでおり，フリーコメントでも組織風土の低下を裏付けるような社員の生声を確認できました。

　そこで同社では「組織風土を改善し好ましい企業文化をつくる」という大きなコンセプトを打ち出し，矢継ぎ早に改善プロジェクトをスタートさせていったのです。

■エンゲージメント向上に必要な「上司の役割」を問い直す

　まず弊社もサポートし取り組んだのは「幹部の信条づくり」プログラム。**理由は上司の言動が，組織風土や企業文化に大きな影響を与える**からです。

　幹部・管理職まで含め，調査結果で明らかになった社員のフリーコメント情報をもとに，組織文化上の課題をワークショップ形式で深掘りしていきました。

　社員の生声をもとに，幹部・管理職が考察を深め，出てきた組織文化上の課題を整理。この組織文化上の課題を解決していくために，幹部・管理職はどういう役割を発揮すれば良いのか？　さらにディスカッションを進めていきました。

　より具体性のあるものに落とし込むため，「上司のとるべき行動」と「上司のやってはいけない行動」という両面から，上司の役割について改めて問い直す機会にしていったのです。このワークショップではさまざまな意見が出され，それをホワイトボードに板書し共有していきました。

　印象的だったのは，そこに参加していた幹部・管理職のほとんどが，自分のスマホでホワイトボードの写真を撮っていたことです。いかにここで議論し言葉になったことが，大切なことだと感じたか，そんなことを裏付けるような光景だったことを思い出します。

　●組織文化上の課題としては，次のような意見が出ていました。
「あいさつやコミュニケーションが不足している。」
「任せっぱなしでフォローが充分できていない。」
「社員が同じ方向を向いていない。」

　●上司に必要な役割については，次のような意見が出ていました。
「幹部・管理職からあいさつ・声かけを行う。」
「部下に関心と思いやりを持ち接していく。」
「トップの方針を幹部・管理職がかみ砕き，社員が理解・納得するまで説明する。」

■ 「幹部の信条」をつくりあげる

　いくつかのワークショップを通じて明確になった，エンゲージメント向上に必要な上司の役割。これを最終的に6項目の「幹部の信条」として，言葉にしました。**上司として発揮すべき役割をあいまいにすることなく，自分たちで議論し，自分たちで明確化し言語化する。**

　このようなつくり方を行うことで，パーパスの章（第5章）でも解説しましたが，つくるプロセスから浸透が始まっていきます。

また，自分たちで言葉にした「幹部の信条」をカタチにすることを提案
し，写真のような名刺サイズで蛇腹タイプの折り畳みカードにしています
（前章で紹介したチロルチョコ・照栄建設でも同様の取組みを行っていま
す）。

〔6項目で構成された「幹部の信条」の1項目の事例〕

相手に伝わる伝え方をする
　私たちは，部下に伝える際は，こちらの言いたい事を伝えるのではなく，
目的や背景など時には部下の目線まで下り，相手が理解・納得しているこ
とまで確認する幹部でいよう。

　同社では，ここからさらに浸透のためのアクションにもつなげています。
まず朝礼時に今日1日，自分が取り組む「幹部の信条」を1つ選び，終日
意識して業務に取り組みます。

　月次では管理者会議で「幹部の信条」蛇腹カードを持ち寄り，内容の再
確認を行い，毎月1名持ち回りでスピーチも実施。半期では「幹部の信
条」を管理職以上の人事評価に反映しているため，「幹部の信条」の実践
度の評価に反映されます。

　年に1回，総括するための振り返りのワークショップを行い，達成度評
価と今後の実践を加速させるためのアクションプランを策定するのです。

この日次・月次・半期・年次のサイクルを回し続けながら，浸透への取組みを行っています。

　幹部の信条の次に行った改善プロジェクトは，全社員参加型でつくった「経営理念体系」策定プロジェクトです。**経営理念体系の浸透**についても，同社ではこの「幹部の信条」と同じように，日次・月次・半期・年次のサイクルを回し，理念の浸透にも余念がありません。さらに理念の浸透では，年間を通じて価値観・行動指針を実践した社員を投票し，表彰する取組みまで行っています。優秀者には立派な盾が贈られ，賞賛する仕組みも作っています。

■上司の役割発揮を常に見直し続ける

　また，上司の役割発揮そのものを，定期的に行うES・エンゲージメント調査で確認。現在までに4回目の調査が終わりましたが，「上司のマネジメント」という項目のスコアと，全体のスコアは毎回向上しています。このことから「幹部の信条」の内容が，徐々に浸透しかつ有効に機能していることがわかります。

　さらに上司の役割発揮を強化するための施策として「マネージャーMQ」も年に1回実施しています。定期的に自分自身の上司としての役割

発揮の度合いを確認。より相応しい役割発揮につながるよう，アクションプランを立てて実行につなげています。

　つい先日のマネージャーMQ研修では，同社の管理者から次のような声が聞かれました。

　　　「忙しいときは，どうしても部下の話を聴けていないときがある。そういうことに改めて気づくことができるので，定期的にマネージャーMQを受けられるのはありがたいです。」

　同社のことをよく知る建設会社からも，「以前より社員の雰囲気が明るく，感じが良くなった」との声が実際に聞かれています。

　「上司の変革」を中心にしたさまざまな施策により，**組織文化が大きく改善したからこそ，離職率が激減した**といってもよいでしょう。エンゲージメントや定着率の向上には，上司の役割発揮が重要だということを，示してくれる好事例ではないでしょうか？

❹ 「1on1」でエンゲージメントを高める支店づくり（ネクサスエナジー）

■学生アルバイトから新卒採用を可能にするエンゲージメント経営

　次にご紹介するのは，全国26都府県で150のガソリンスタンドを運営している，ネクサスエナジー。個人ユーザーや企業への石油製品販売，車検，洗車・コーティング，修理・板金，レンタカー，保険，中古車販売・買取りなど，カーライフサポート事業を展開している会社の事例です。

　同社の中国支店では，弊社も支援し定期的に調査を行い，さまざまな

ES・エンゲージメント向上施策を実施しています。

　従業員が退職する際，「なぜ辞めるのか？」，多くの会社で退職理由をヒヤリングしていることでしょう。しかし，そこで本当の理由を話してくれるケースは稀なこと。**多くの退職者は，当たり障りのない回答を告げて去っていくのが現実です。**

　同社では従業員の声に耳を傾けながら，働きがいの向上や人材の定着率向上につなげていこうと，調査・実行・検証・さらなるアクションを実施。エンゲージメントの観点からPDCAのサイクルを回し続けています。

　また同社の強みは，学生のアルバイトから正社員へと採用できる採用ケースがあるところ。これは学生アルバイトで入り，仕事にやりがいを感じ，会社への愛着を持つからこそなせる業です。実際に同支店の幹部・管理者も，「学生アルバイトから入社」というキャリアの方が多くいます。

■従業員の声に耳を傾けることで見えてくるものがある

　初めての調査結果では，「普段知ることができない従業員の本音に触れることができた」といいます。こういう情報を共有することは普段なかなかできないことだと……。調査結果から，支店の強み・弱みを整理することができたことも，有益だったようです。

　「強み」の部分で特徴的だったのは，経営理念・方針への共感度や浸透度が高かった点。「顧客のカーライフをサポートし，貢献できている」，このような実感を持っている従業員が多いことがわかりました。当時の支店長の発案でこの強みをさらに強化すべく，従業員が常に携帯している名札の裏に企業理念を印刷し配布。常に企業理念を意識できる環境を継続してつくっているのです。

「弱み」の部分でいくと，職場環境の改善ニーズが強かったことと，人事評価で納得感の醸成ができていなかった点です。前者に対しては，ガソリンスタンドで不足していた代車を購入したり，スポットクーラーの買替え，５Ｓの推進など，できることから着手しました。後者の人事評価については，制度内容が理解されていない点が真因だと考え，人事評価制度の説明を改めて実施しました。このように調査結果のスコアが伸び悩んでいた部分へ，さまざまな対策を展開していったのです。

■ 1 on 1 をエンゲージメント向上の柱に

　調査結果で「強み」だった項目の中にあった「上司のマネジメント」。スコアはハイスコアとなっており，数値結果だけを確認していれば，現状維持でやり過ごしてもおかしくなかったはずです。しかし同社ではこの「上司のマネジメント」のフリーコメント内容を見逃しませんでした。

　「部下の意見を聴いてほしい。」

　このような生声がアンケートで複数から上がっていたのです。調査結果の検討会議の中で，同支店の部門長から次のような発言がありました。

　「振り返ってみたら，あまり部下の話は聴けていなかった。」

　「従業員の気持ちをあまり理解できていなかったことに気づかされた。」

　「ここの部分を改善できれば，従業員の働きがい向上に大きくつながるのでは。」

　そこで上司の，受信の意識を高め，受信の機会をつくり，受信の質を高

めていこう。こういうコンセプトがまず決まりました。そしてこれらを具体的なアクションにつなげるため，部門長が従業員と個別に面談する「1on1ミーティング」の取組みがスタートしたのです。

　まず四半期に1回の頻度で，次のような内容で開始していきました。
• 期首に立てた目標の達成状況はどうか。
• 仕事上で困っていることはないか。
• 調査結果で課題になっていたことが現場で起きていないか。
　定期的な部門長の改善会議で1on1ミーティング内容の見直しや，結果の振り返りも行い，軌道修正も行っていきました。

■1on1ミーティングの成果検証でわかったこと

　「1on1ミーティング」がはたして効果的だったのか？　次の調査結果で確認することにしました。すると調査結果の全体スコアは上がっており，該当項目である「上司のマネジメント」のスコアも大幅に上昇していたのです。またこのスコアアップを裏付ける，次のようなフリーコメントもたくさん確認することができました。

　「1on1ミーティングにより，上司との距離が近くなった。」
　「常に多忙の中，しっかりとスタッフ全員のことを見て状況の把握ができているので有り難いです。」
　「現状，上司がこの人で良かった，と感じさせてくれる立ち振る舞いと，向かい合う姿勢には何のくもりもありません。」

　このように次の調査結果で，同支店における「1on1」の大きな成果を確認することができました。これは，いかに**上司と部下の「会話」ではなく，「対話」が重要**だ，ということを物語っているのではないでしょう

か？　おそらく上司が日頃行っているのは，ほとんどが会話です。会話では表面上のことしかわかりません。

　「対話」とは，お互いの背景にある理由や考え方，価値観を知ることです。上司に「対話」が必要であることはいうまでもありません。部下との対話で，言葉の裏側にある気持ちや信条を理解することが必要です。よって仕事の話ばかりではなく，時には雑談も必要なのは，このような理由からなのです。

■1 on 1 ミーティングのアップデート実施

　「1 on 1」は効果性があることがわかったのだから，今後も継続していくことが決定しました。そこで弊社から同支店の「1 on 1」に，ある提案をしました。それは「ポジティブフィードバック」という項目を，「1 on 1」の中に追加するというものでした。

　前回から今回の「1 on 1」までの間，良かったことを1つ以上見つけておきます。それを1 on 1時にフィードバックするというものです。仕事上で良かった点，職場での言動で承認すべき点等のポジティブな情報を，本人にフィードバックします。このことが，日頃上司が部下の良い点を見ていこうという意識を高めてくれるのです。
　常に部下を見ることができない上司も，なかにはいるでしょう。この場合どうするのか？　事前に周囲の従業員からポジティブ情報をヒヤリングしておくのです。

　何気ないことだと思われる読者もいると思いますが，これがものすごく「1 on 1」の効果を高めてくれます。「**自分のことに関心を持ち，見てもらっている**」，このような実感を部下に持たせることができるからです。

　加えて「1 on 1」のブラッシュアップとマネージャーのさらなる自己成長を目的に，マネージャーMQのプログラムも導入。上司の自己研鑽にも注力しています。

■上司のマネジメントがエンゲージメントのカギをにぎる

　このように大企業の場合，1支店や1事業所からエンゲージメント向上活動をスタートしていくケースもあります。また支店内や事業所内だけの改善で，エンゲージメントを向上させることもできるのです。この中でエンゲージメントの改善に最も寄与するのは，「上司のマネジメント」の改善です。

　賃金や休日が増えたわけではないのに，「上司のマネジメント」が好ましい方向に変わるだけで，その組織のエンゲージメントは向上します。逆に「上司のマネジメント」が悪化すると，その組織内のエンゲージメントは一気に低下し，崩壊していきます。

　1つの支店内の取組みや，その中にいる上司の自己変革で，エンゲージメントの向上は可能なのです。そういったことを示してくれるのが，ネクサスエナジー中国支店の事例ではないでしょうか？

❺ デジタルの力を駆使したエンゲージメント経営（プライムクロス）

■活動プロセスそのものでエンゲージメントする

　新築分譲マンションを中心に，商業施設やオフィス，フィットネスジムなど，時代とともに移り変わる「人々の住まいと暮らし」に寄り添い，最先端のデジタル技術を駆使するデジタルマーケティングカンパニーのプラ

イムクロス（東京都）。クライアントの課題を発見・解決し，人と街と暮らしを笑顔でつなぐことをミッションとした会社の事例を紹介します。

　同社も弊社が支援し定期的にES・エンゲージメント調査を実施しています。結果の分析⇒経営層への報告⇒全社員へのフィードバック⇒中期経営計画への反映⇒アクションプランの実行⇒次回の調査で効果検証。この**エンゲージメントのPDCAサイクル**を着実に回しながら，ブラッシュアップを図っています。よく講演・セミナー後の質問では，「このサイクルをうまく回せていない」という相談を受けることが多くあります。その点同社は，このPDCAサイクルを効果的に回している，モデル企業といっても過言ではないでしょう。

　毎年4月に，全社員が参加するキックオフミーティングがあり，その場で全社員に対して調査結果や事業計画の発表を行っています。このキックオフミーティングを行った後，そこに同席したアンケートにはまだ答えていない新入社員から，次のような声が聞こえたようです。

　　「調査結果を公表していること自体，とても風通しの良い会社だと思います。また自分が，そういう会社に入社できて良かったです！」。

　エンゲージメント調査を有効活用できていないケースが多い中，活動プロセスそのものが，同社のストロングポイントになっていることがわかります。

■社員に寄り添う関係性でエンゲージメントする

　同社の一番の特徴は，「上司のマネジメント」という調査項目のスコア

がハイスコアな点です。これを裏付けるように，調査のフリーコメントからは，以下のような声も聞かれています。

「メンバー1人ひとりに向き合ってくださっているおかげで，課として皆が同じ方向を向けていると思います。体調だったりも気にしていただけて日々感謝しています。」

「業務においていろいろな課題や大変さはあるかと思いますが，最終的には，相手の話を聴く柔軟性と，メンバーの成長をサポートしようとする姿勢が，“働きたい会社”としての満足度につながっていると思います。いつもありがとうございます。」

　同社の平均年齢は31歳と，比較的若い社員が多いのも特徴です。よって若い社員を早く育て，早期に戦力化しなければいけない環境もあり，同社のマネジメントは，**管理より育成やフォローに重点を置いている**特徴があります。
　今でこそ1on1ミーティング（個人面談）が広く普及していますが，同社では先んじて1on1にも取り組んでいます。課長以上の管理職に対しては，1on1のロールプレイング研修を実施するなど，組織としてこれらをバックアップしてきました。

　またデジタルに強みのある会社の特性を活かし，Webツールの整備や活用に力を入れています。例えばSlackというツールも導入し，チーム内で常にコミュニケーションがとれる環境を整備。誰が何に困っているのかがすぐわかり，相談対応などスムーズに実施できるといいます。
　よってコロナ禍でリモートワークになった際も，コミュニケーションの質は落ちていません。このような関わりから，同社の社員は「寄り添って

もらっている」という実感を持っていることが，調査のフリーコメントから読み取ることができます。

■働く環境の向上でエンゲージメントする

　同社では働く環境の向上にも力を入れています。調査で「働きがいを高めるために必要なことは何か」という問いを設定。全社員に回答してもらい，ニーズが高いものから対応しています。例えば「フレックスタイム制度のブラッシュアップ」などはこれに該当します。社員の声に耳を傾け，しっかり刺さる施策を展開していこうと，調査結果を有効活用しています。

　情報機器の整備にも力を入れています。社員はもちろんのこと，派遣社員まで含め，同社で仕事をする者には，全員にモバイルパソコンとスマホを支給します。SlackなどのWebツールも含め，社員が働くデジタル環境の整備には余念がありません。

　　「感謝の言葉が飛び交う職場環境」。

　これも同社ならではのエンゲージメント上の強みになっている「組織文化」です。「ありがとう」「助かったよ」など感謝の表明が，対面やWebツール上で自然と出てくる文化が同社にはあります。実際に調査項目の中にある「感謝の気持ち」というスコアも，やはりハイスコアな結果となっています。

　このような組織文化を再現するには，どうすればよいのでしょうか？カギを握るのは，同社の理念体系にあるようです。ミッション，ビジョン，コアバリュー，行動規範からなる理念体系……。この行動規範の5つ目に次のようなものがあります。

　　「関わる全ての人を尊重し，感謝の気持ちを言葉にする」

人と仕事をする上で大切なことは，相手を尊重する姿勢。

感謝の気持ちは言葉にすることで，初めて相手に伝わる。

同社の行動規範は，パーパス浸透の章（第5章）でも解説しましたが，全社員から案を出してもらうという，策定段階から浸透が始まる効果的なつくり方で策定しています。こういった自分たちで決めた行動規範が浸透しているからこそ，組織文化につなげることができているのです。

他にも同社の組織文化に好影響を与えているものが，社員を称賛する仕組みです。年間，半期ごとに職種別やレイヤー別でさまざまな表彰制度を用意しています。個人が対象の賞やチームが受賞する賞，全社員が投票する賞もあったり，経営が決定する賞もあったりと，バラエティに富んでいます。こういった取組みにより，仕事を通じてお互いに称賛し合うという文化を形成しています。

AIが今後ますます普及していく中，DXへの対応もエンゲージメントにさまざまな影響を与えることになっていくでしょう。これからのAIの普及を見据え，デジタルの力をコアにさまざまな施策で好ましい組織文化をつくりつつ，エンゲージメント向上へ取り組んでいる会社の事例でした。

この章では，「上司の役割発揮」がいかにエンゲージメントに影響を与えているか。またどのようなアプローチが「上司の役割発揮」に有効なのか。具体的な施策内容と企業事例を紹介しながら学んでいただきました。

皆さんの組織における「上司のマネジメント」は，エンゲージメント上どのレベルにいるでしょうか？

上司が変わればエンゲージメントも変わります。本章の内容を参考に，皆さんの組織ならではのエンゲージメントを高める「上司のマネジメント力」を，確立していただきたいと思います。

第 **8** 章

「働きがいのインストール」で
従業員エンゲージメント向上

① 「働きがい」を高めるには

「わが社も社員の働きがいを高めていきたいんですよ。」

　このような話をされる経営者や総務・人事の責任者とお話することがよくあります。しかし冷静に考えたら，「働きがい」という言葉は「幸せ」や「幸福」など具体的な捉えようのない，ビッグワードでもあります。

　このように言葉の抽象度が高いと，必然的に問いと答えが遠いものになってしまいます。

　働きがいとして思いつくのは，例えば目標を達成したとき。このときたしかに私たちの働きがいはUPするでしょう。一方で定量化された目標がない仕事をしている人もいます。また顧客に感謝されるようなことがあると，私たちの働きがいは確実に向上します。しかしながら顧客と全く接点がない職種もあります。よって働きがいを狭い視野でしか据えられないと，全社的に働きがいを向上させていくためのアクションは期待できません。

　ではどうすれば良いのか？　具体的な「働きがい」の改善につなげていくためには，働きがいを細分化し定義しなければなりません。そこで著者が考案したのが「働きがいロジックツリー」です。

② 働きがいを明快に定義した「働きがいロジックツリー」とは

■「働きがいロジックツリー」とは

　働きがいは大きく2つに分解できます。内発的な要因で生まれる「**内発的働きがい**」と外的要因から生まれる「**外発的働きがい**」です。この2つ

の働きがい要因を，それぞれ3つずつ，さらに分解することができます。

〈内発的働きがい〉

① **達成感**：仕事の中で目標が達成できたり，成果が出た際に生まれるポジティブな感情。目標を意識させることや，新たな挑戦機会などが有効。

② **バリュー実感**：自分がやっている仕事のバリュー（価値）や意義を感じるときに生まれるもの。自分の仕事の役立ちや意味を認識させる仕組みが有効。

③ **成長感**：できなかったことが，できるようになるなど自己成長を感じる感情。成長は本人では気づけないこともある，よって周囲からのフィードバックも有効。

〈外発的働きがい〉

④ **理念と同期化**：会社の理念やパーパスとのつながり，また一体感を感じるときに生まれるポジティブな感情。理念の浸透施策やマイパーパスの落とし込みなどが有効。

⑤ **社内からの承認**：社内にいる上司や同僚また部下から，認めてもらっていると感じる承認実感。日頃の声かけやフィードバック，ありがとうが飛び交う環境づくりなどが有効。

⑥ **社外からの承認**：社外にいる顧客や取引先から，感謝されたりすることで生まれる承認実感。改善を目的とするのではなく，ポジティブな情報を収集する顧客アンケートの実施も有効。

〔働きがいロジックツリー〕

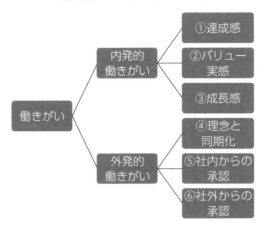

3 仕事のバリュー実感を高めさせる手法

■仕事のバリュー再認識ワーク

　自分たちが日頃行っている仕事が，どんな意味や意義を持っているのか。仕事の価値を改めて再認識し，仕事へのやりがいを向上させる取組みとして「**仕事のバリュー再認識ワーク**」，という施策があります。

　これは自分たちが日頃行っている仕事の棚卸しを行い，それぞれの仕事に対して具体的にどんな価値や役立ち・貢献が存在し得るのかを，みんなで考え意見を出し合いながら，明確にし共有していくワークです。

　このようなワークを通じて，**自分たちの仕事の価値や意義を初めて認識する**ことができたという人も多く，内発的な動機付けを図る有効な手法になり得ます。

〔仕事のバリュー再認識ワークシート・例〕

仕事	どんな価値・役立ち・貢献があるか
電話応対	• お客様の疑問や不安の解消ができる • 会社のイメージアップを図ることができる • CS（顧客満足）を上げることもできる • 新規顧客の獲得や，リピーターの増加に貢献できる

　やり方は，部門ごとに少人数でのグループをつくって行います。ディスカッション結果を模造紙やホワイトボードなどに書いてまとめて，全体で発表すると非常に効果的です。

　進め方は，「わが社が社会や顧客に役立っていることは？」という問いからスタートします。次に「自分の部署が会社の中で役立っていることは？」と少し範囲を狭めます。そして最後に「自分の仕事が役に立っていることは？」と落とし込んでいきます。

　このワークを実施した会社の従業員から，実施後のアンケートでこんなコメントが返ってきました。

　「自分たちの仕事はこれまで正直雑用係だと思っていました。しかし，今日の「仕事のバリュー再認識ワーク」を行って，初めて自分たちの仕事の意義や価値を理解し見出すことができたので，これからは自分たちなりにもっと工夫しながら，本来の価値が出せるような仕事の進め方をしていきたいと思います。」

　私たちは自分の仕事の意義や価値がわかる。またその重要性がしっかりと認識できれば，仕事への取組み姿勢や発想がより好ましい方向に変わっていきます。

　日頃何気なくルーティンワークとして行っている私たちの仕事内容につ

いて，そもそもの原点や役割・使命を考え知ることはとても大切です。これが，モチベーションの源泉を得ることにつながり，エンゲージメント向上もさることながら，仕事のパフォーマンスや経営成果の向上にもつながっていくからです。

　第2章❷で解説した「仕事観アップデートワーク」も施策に加え，従業員の働きがい向上を実現していきたいものです。

❹ 仕事の誇りを生み出すエンゲージメント経営 （モスフードサービス）

■コロナの逆風にも負けないエンゲージメント経営

　モスバーガーを展開するモスフードサービスは，外食産業でエンゲージメント向上に取り組む企業です。2022年には創業50周年を迎え，コロナ禍という逆風があったにもかかわらず，2023年3月期まで4期連続の増収を達成。国内店舗数が1,315店，海外店舗数は450店と店舗数も年々増加。多くの人々に愛されるハンバーガーを作り続け，モスバーガーファンを拡大しています。

　同チェーンではいち早くエンゲージメント経営に着手。さらにブラッシュアップをということで，弊社であるエリアの加盟店オーナー向けのエンゲージメント研修を行ったことがあります。研修前にオーナーや店舗で働く人たちにヒヤリングしたことでわかったこと。それは，同社で働く従業員の高いエンゲージメントでした。

■オペレーションシステムから生まれる仕事の誇り

　同チェーンでは，効率を優先した商品の作り置きをしていません。注文

を受けてから作る「アフターオーダーシステム」を採用し，時間がかかってもおいしさを優先させています。また国産野菜を使うなど素材にもこだわり，健康や品質にこだわる人たちにも訴求し高くても美味しいものを提供するという戦略をとっているのです。

　よって顧客からのオーダーがあって初めてパティ（肉）を焼き始める，などの手間ひまをかけ手作り感を最大化しています。これによりスタッフは，接客以外の調理やラッピングや清掃など，さまざまな業務をマルチにこなしていくことが求められます。

　このオペレーションシステムが，顧客だけではなく，働く従業員のエンゲージメントにも好影響を与えています。店舗スタッフへのヒヤリングの際，どんなときにモチベーションやエンゲージメントが上がるのか？　尋ねると次のような答えが返ってきました。

　　「ハンバーガーがうまくつくれたとき。」
　　「そしてお客様が美味しそうにそのハンバーガーを食べ，笑顔になったとき。」

　この答えに，私は少し感動すら覚えました。と同時に，なぜそう思うのか？　さらに探求したくなり，質問を重ねていきました。すると返ってきたのは次のような答えです。

　　「手作りでオーダーからつくり始めるこのスタイルに，誇りを持っているからでしょうか？」

　この言葉を聞き，妙に納得したのを覚えています。「お客様に美味しいハンバーガーを食べてほしい」という，**純粋で内発的な動機付けがあるか**

らこそ，出てくる言葉だと思います。

　一見すると非効率で面倒な印象を受ける同チェーンのオペレーションシステム。しかし顧客満足の向上だけではなく，働くスタッフのエンゲージメントの向上にも寄与していることがわかりました。

■理念の浸透が支えるエンゲージメント

　同チェーンの経営理念は「人間貢献・社会貢献」。働く人それぞれの人格や個性を尊重しながら，お客様には「幸せ」を届け，地域社会から信頼されるお店をつくるという意味です。それを具現化した「基本方針」には「『心のやすらぎ』『ほのぼのとした暖かさ』を感じていただくために努力しよう」という一文があります。

　そうです。この理念がベースにあることで，同チェーンのオペレーションシステムが存在しています。またこの理念が，現場のスタッフに浸透しているからこそ，先のような発言が現場から出てきて，働く人のエンゲージメントにつながっているのです。

　同チェーンの理念体系である「モスバーガー基本方針」は，店舗に掲示され店内で常に意識できるようになっています。またスタッフは，出勤時に「モスの心」を唱和・確認してから仕事に入るなど，浸透のための様々な仕組みが背景にあります。

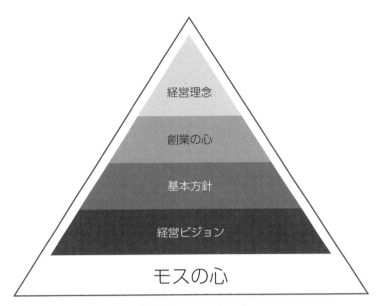

(出典：モスフードサービス公式ホームページ)

　またスタッフに対し，同チェーンの理念に関心を持ってもらうため，オーナーや店長からスタッフへの関心を示すよう，積極的なコミュニケーションを図る。そんな工夫も行っているようです。ヒヤリングの際も，スタッフから，店長やオーナーからさまざまな声かけやアドバイスがあるとの回答がありました。

　この**理念の浸透**は，お店の雰囲気づくりにもつながっています。モスバーガーに入ったときに感じる，あの「家庭的な雰囲気」。読者の皆さんも感じたことがある人もいるでしょう。モスバーガーが目指す方向を皆で共有し，スタッフ間での一体感があるからこそ，画一的な他の大手チェーンとは異なる，手作り感のある家庭的な雰囲気が生まれる。店舗でのヒヤリングを通じて，このようなことを感じました。

　このように**理念の浸透から仕事への誇りが生まれ，エンゲージメントが**

強化される。また職場の雰囲気や風土づくりにも発展させることができます。こういったことを学べるのが，モスフードサービスのエンゲージメント経営事例でしょう。

❺ 仕事のバリュー感を高めるエンゲージメント経営（あかさきグループワールドワイド）

■エッセンシャルワーカーという誇りを胸に

　廃棄物処理や再資源化など，行っている事業そのものがSDGsに近い。そんなビジネス展開をしている会社が，あかさきグループワールドワイドです。環境衛生の向上，循環型社会の形成を目指し，環境保全と資源の再生，地球温暖化防止のための低炭素型社会の実現に貢献することを目指している組織です。鳥取県に本社を構え，現在は２代目となる岡﨑博紀社長が，東海・関西・九州にも拠点を有し，地域貢献を主眼としたSDGs経営を推進しています。

　コロナ禍で，改めて自分たちの仕事の価値（バリュー）を再認識し，ES・エンゲージメントを向上させている会社です。

　私たちはコロナ禍で，営業の自粛，出社や外出禁止などさまざまな制約が強いられ，窮屈な日常生活を経験しました。一方でこのような状況下にあっても，仕事を休むことが許されない業種もありました。そして，人は，そういった仕事に従事する人たちに対し，敬意をもって「**エッセンシャルワーカー**」と呼んだのです。

　同グループでも廃棄物処理などの事業があり，エッセンシャルワーカーと呼ばれる仕事に従事する社員が多くいます。同グループでは，年に１回「経営計画書」という冊子を制作し，社員総会で全社員への配布を行って

います。その中に次のような印象的な一文があります。

> 「**汚く儲けて，きれいに使え**」 創業者の母の言葉
>
> ひとが好んでやらないことをしてお金を頂戴し，使う時はひとに喜ばれる
> 使い方をしなさいという意味。

　これは同グループの創業者のお母さんが遺した言葉で，同グループの理
念の背景にある「**創業の精神**」として受け継がれているものです。
　廃棄物を処理する仕事というのは，決してきれいな仕事ではないかもし
れない。時には汚れることもあるでしょう。しかし人々が快適な暮らしを
送るためには，必要不可欠な仕事です。だからこそ自分たちの仕事に誇り
を持とうじゃないか。そしてこの仕事で得た利益は，人に喜ばれるきれい
な使い方をしていこうじゃないか。こんな想いが込められています。
　この「創業の精神」には，次のような創業者のエピソードも紹介されて
います。

　終戦直前で父が戦死し，女手一つで4人の子供を育てた母の後ろ姿を見
て育った創業者は，兄の職が定着しないことを気にかけ「一緒に仕事をす
れば定着するだろう」と家族のことを想い赤碕清掃を創業した。
　そんなある日，おばあさんが留守番している家へ汲み取りに行った。
　以前はタゴを担いで畑に蒔いていたそうだが，重労働だったため今では
とても無理だという。若い世代は会社勤めなので肥汲みなんて見向きもし
ない。創業者はいつもの様にバキュームカーで汲み取りをした後，代金を頂
戴しようと玄関に回ったら，そこには「ようこそ，ようこそ」と両手を合
わせ，目に涙をいっぱいためて感謝の言葉を繰り返すおばあさんが座って

いた。

　今となっては自分でできないもどかしさと，きれいになった安心感で安堵されたのかもしれない。日々待ったなしのトイレが使えないと不便の上，その家族を不安にしてしまう。「この仕事は決してきれいな仕事ではないが，人の心もきれいにできる」という気持ちが，創業者の胸に沸々と湧きあがってきた。

　「人のために役立ち，安心と喜びを提供する」

　そんな仕事をしようと創業者が誓った出来事でした。

　このような心を打たれる創業ヒストリーや創業の精神が，同グループで毎年作成される「経営計画書」の冒頭に掲載されているのです。

■仕事のバリュー感から生まれるエンゲージメント

　同グループでは，弊社でも支援し定期的なエンゲージメント調査を実施。この調査項目の中に，「仕事を通じてどれくらい社会的な意義を感じているか」という設問があります。この設問のスコアがダントツに高いのが，同社ならではの特徴です。調査結果のフリーコメントには，次のようなコメントがありました。

　「生活する上で，毎日出るゴミや排水（下水）に携わる業種という，いわゆる縁の下の力持ち的な仕事をしており，環境への取り組みなど人々にはなくてはならない業種であると，自信を持って仕事をしています。」

　どんな仕事にも価値がある。これは揺るぎない事実だと思います。しかし，自分の仕事の価値に気づけず，エンゲージメントが低下しているケースも多くみられます。これでは，生産性も仕事のパフォーマンスを高めることも難しくなります。だからこそ従業員には，自分の仕事の価値を認識し，業務に取り組んでほしいのです。

　同グループでは，毎日や毎月の朝礼で，自社の理念体系を確認します。毎年1回社員が集まる社員総会で，冒頭に必ず社長から理念体系の説明が行われ，全体で共有する機会をつくっています。特に重点的に説明するのが，先に紹介した「創業の精神」です。同グループの岡﨑社長は「グループの生い立ちや出発点を知り，理解を深めてもらうことがとても大切だ」と力説しています。これらの背景があり，同グループの従業員は，自分たちの仕事の価値や意義を実感したり，再確認することができているのです。

　おそらくどんな会社にも同グループのような，従業員の心を揺さぶる「創業ヒストリー」はあるはずです。これらを伝える術や手段がないことで**「創業ヒストリー」が陳腐化していくのは，無形資産の損失**だといってもよいでしょう。エンゲージメントの向上のためにも，創業家や古い社員たちからヒヤリングをして，従業員の心をつかむ「創業ヒストリー」を可視化し継承していくこと。こういう活動もエンゲージメント向上には大きく貢献してくれるのです。

■マイパーパスから生まれるエンゲージメント

　これらの日次・月次・年次の取組み以外にも，弊社も支援し研修を通じたワークモチベーションを高める取組みがあります。どんな内容なのかというと，「マイパーパス」を明確にするワークショップです。自分自身が仕事をする上での存在意義や存在理由を考え，以下のように言葉にして意

識を高める取組みです。

　「新しいものをつくり続ける」
　「周りに良い影響を与える」
　「地域の困り事に応える」
　「周囲を明るくする存在になる」
　「次世代を育て恩返しをする」

　昨今，組織のパーパス（存在意義）を見直し，共有しようという動きが活発になっています。マイパーパスとは，そこからもう一歩突っ込み，自分がこの組織の中で働く自分自身のパーパスを明確にすること。
　こういうことを考え，言葉にする機会をつくることが，ワークモチベーションを上げ，エンゲージメント向上にもつながるのです。組織のパーパスそのものを，身近に感じるようになったり，自分の仕事の価値や意義を改めて探求することに発展していくからです。

　「自ら成長し，成長を支援する」

　これは著者自身のマイパーパスです。私は「成長」という言葉にこだわって仕事をしていきたいと考えています。昨日よりも今日，少しでもいいので成長を続けていきたい。そして関わる人たちの成長を支援していきたい。こんな想いを込め私自身は，自分自身の存在意義であるマイパーパスをこのように言語化しました。
　できればこのような取組みは，単発で終わらせるのではなく，継続していくと効果的です。マイパーパスが進化することもありますし，変わらない場合もまた再認識できるからです。

　「ESやエンゲージメント向上に取り組むことは，より良い社会の実現にもつながる」と同グループの岡﨑社長はいいます。先に記した内容以外にも同グループでは，さまざまな活動を行っています。特に管理者の変革にも力を入れており，「マネージャーMQ」や「幹部の信条づくり」にも着手。また2か月に1回の1on1ミーティングも実施しています。年に1回のアンケートとプラスしてこのような取組みから，風通しの良い組織風土も形成されつつあるとのことです。

　同グループでは今後も社会的なニーズの高い，環境衛生の向上や再資源化への取組みと，エンゲージメント向上を強化していく予定です。グループ名にもあるように，将来的には環境保全や再資源化の分野で，海外への事業進出を目指すビジョンもある組織の事例でした。

　エンゲージメントの向上に必要不可欠な要素が，「働きがい」です。
　この章では「働きがい」を高めていくためのアプローチ手法や，モデル企業の事例を解説してきました。いよいよ次が最後の章になります。
　第9章では，「社員の成長支援」がエンゲージメント向上につながる理由と具体的な実践方法について解説していくことにしましょう。

第 9 章

「成長支援」で
従業員エンゲージメント向上

❶ 成長感がエンゲージメントを左右する

「会社がホワイトすぎて離職する。」

　近年，若年者が，このような理由で転職するケースが出始めています。残業はない，休日出勤もない，仕事も楽。こんな環境にいたのでは，ビジネスパーソンとして成長が望めないのではないか。そんな成長不安を感じ，増大していくことが，エンゲージメントを低下させ，人的資本の流失につながっていくのです。

　この傾向はコロナ禍からすでに始まっていました。コロナ禍になり，改めてこれからのキャリアを考える時間や機会が増えたことが影響しています。加えて若年者の定着率向上へと，過剰なホワイト化が，裏目に出てしまったことで起きている現象です。

　今の職場や会社で「**自己成長の実感**」を持たせること。また将来の「**自己成長の期待感**」を感じさせることが，特に優秀な社員ほどエンゲージメント上必要不可欠な要因になります。

❷ エンゲージメント低下を引き起こしている人事評価

　社員の「成長感」を向上させるために，どんなことが必要でしょうか？　現在，日本政府も政策の柱として推奨している「リスキリング（学び直し）」のような教育支援が思いつくでしょう。また社員の資格取得などを支援しているケースも多くありますが，これらも該当する施策になると思います。しかしながら，もっと有効な施策があります。それは**人事評**

価制度を活用した「成長感」の醸成です。

　エンゲージメントの中でも課題になりやすいのが「人事評価」です。理由はいたってシンプルで，人事評価の目的が「**査定**」のためになっているからです。例えば，人事評価という制度はあっても，どんな内容なのか社員には理解されていない。また評価結果を知る機会もない。これではエンゲージメントが向上するはずがありません。

❸ 成長支援の仕組みとして人事評価を機能させる

　ではどうすればよいのでしょうか？　答えはおおよそ想像がつくと思います。人事評価を査定が目的で運用するのではなく，**社員の「成長支援」**という目的で運用していけば良いのです。

　査定が目的の人事評価であれば，評価制度の内容を社員に理解させたり，評価結果を本人にフィードバックする必要はありません。一方で社員の自

〔よくあるエンゲージメント低下型の人事評価と
エンゲージメント向上型人事評価の違い〕

よくあるエンゲージメント低下型 人事評価の落とし穴	エンゲージメント向上型 人事評価の実施ポイント
☑評価制度の内容が社員によく知らされていない	☑評価制度の内容を社員に理解してもらい，求める人物像を共有する
☑評価基準や内容があいまいすぎるか複雑すぎる	☑結果をフィードバックする前提のため，評価基準や内容をシンプルに設計する
☑理念体系（特に価値観・行動指針）の内容が評価要素に含まれていない	☑理念体系（特に価値観・行動指針）の内容を評価要素に反映し，浸透へとつなげる
☑査定のための人事評価なので，本人に結果やその理由などフィードバックされていない	☑評価結果を本人に伝えるフィードバック面談を行い，成長支援の機会とする

己成長を支援し，エンゲージメント向上につなげるためには，これと真逆のことを行えばよいのです。

　人事評価制度の内容を社員に理解してもらうことで，自社の社員に求める社員像を共有することができます。そして何といっても，**評価結果を本人にフィードバックする**ことが肝要です。よくあるエンゲージメント低下につながっている人事評価は，これが前提になっていないことでさまざまな問題を引き起こしています。

④　成長に欠かすことができない「TDLNサイクル」とは

　社員の自己成長になぜ人事評価が不可欠なのか？　改めて整理してみましょう。人が成長するためには，自分1人で考えているだけでは限界があります。そこで欠かせないのが，周囲の人たちからの声です。成長できる人は，**周囲の人の目に映っている自分自身を客観的に見る**ことができます。その上で補完しないといけない点や，強化すべきことに気づくことができる。この気づきを行動につなげることで，結果として昨日とは違う自分に進化することができるのです。

　これを再現するためには，筆者が考案した「TDLNサイクル」を回していく必要があります。

・T（Think―考える）
　仕事に取り掛かる前に，効率的かつ高品質な仕事になるよう，押さえるべきポイントなどを考え抜きます。仕事のゴールやその達成のために必要なタスクを整理します。段取りをとるという言葉に置き換えて良いでしょう。

・D（Do―実行する）

　Thinkで考えたとおりに，実行していきます。成長が思うように進んで
いかない，加速していかない人は，このThinkとDoを行き来しているケー
スが多いです。だからこそ，次のL（振り返る）というステップに進んで
いかなければならないのです。

・L（Look back―振り返る）

　自分なりに考えて実行した結果，どうだったのか，振り返る必要があり
ます。振り返りのステップがあって，初めて次のステップN（気づき）が
生まれるからです。ただ自分1人の振り返りではどうしても範囲がせまい
ものになります。ここで周囲の声があれば，振り返りの幅が広がり，深さ
も深まります。

・N（Notice―気づく）

　振り返りができれば，必然的に様々な気づきが生まれます。「この仕事
を次にやるときには，こういうことに注意したほうがいい」，「こういうポ
イントを押さえるべきだ」，「事前にこういうことをやっておく必要があ
る」と。

　このような気づきをたくさん得たり，また質の高いものがあればあるほ
ど，私たちは再現性を高めることができます。うまくいかなかったときは，
次に同じことを起こさない「**失敗要因**」。うまくいったときは，なぜうま
くいったのかという「**成功要因**」。これらをたくさんつかむことが，個人
の成長につながり，立場が上がったときには「**指導力**」になるのです。

〔自己成長サイクル（TDLNサイクル）〕

　この「振り返り」と「気づき」を得るためにも，人事評価の仕組みを機能させることが必要です。これができれば社員の「自己成長サイクル」は回りだします。そして社員の成長感を高めることができ，エンゲージメントの向上につなげることが可能になるのです。

❺　エンゲージメント向上型人事評価の設計ポイント

　エンゲージメント上，人事評価制度を設計する際，これだけはやっておかなければいけないものが1つあります。それは第5章で解説した**パーパス・理念体系とのリンク**です。パーパス・理念体系の中でも，特に従業員の行動面に影響を与える**「価値観」**や**「行動指針」**との**整合性**がポイントになります。

　理念体系はいわば会社の憲法のようなもの。だからこそ人事評価とリンクして然るべきなのです。一方で，実態は別ものとして考えて扱われているケースが意外と多いものです。パーパス・理念体系は額縁に飾るもので，実際の行動は別物，というダブルスタンダードになっていては，従業員の会社に対する信頼残高は上がりません。エンゲージメントの向上に大きな

ブレーキがかかってしまうのです。

　原因としては，パーパス・理念体系そのものが十分に確立されていない。あることはあるが作り込みが甘く，抽象度が高く現実味が乏しい。このような内容になっていることが推察されます。この場合は，パーパス・理念体系に一度立ち戻った上でブラッシュアップを図り，その上で人事評価の内容を再考し，再設計する必要があります。

　パーパス・理念体系の次に一貫性や整合性をとらなければいけないのは，経営計画・事業計画となり，それから期待する成果や能力・行動特性といった順番で，人事評価制度は設計していく必要があるのです。

❻ エンゲージメントに必要不可欠な人事評価の新方式とは？

　人事評価の基準や評価方法を示した「人事評価シート」を，好ましいものに改善する。制度の設計面でよくある改善施策の１つです。そこで従業員の納得感や建設的な行動を促すものに変換することができる，エンゲージメント型人事評価方式を紹介します。弊社でも調査後の人事評価が課題となった企業に，コンサルティングすることがあります。

　従来の人事評価のやり方は５段階評価の場合，p.169の図にある（上段）のように必ずどれかの段階を選択しないといけません。よってそもそも実態を反映した評価にはなりにくいのです。（上段）の例でいくと被評価者は評価期間中100％「３」ではないはずです。「４」のときもあれば，場合によっては「２」のときもあるかもしれません。

　しかしどれか１つを選択しないといけないので，多くを占めていたであ

ろう「3」という評価をせざるを得なくなる。多くの会社でこのような人事評価を行っていると思います。この方式ではそもそも実態を反映したものにはならず，従業員の納得感を上げることは極めて困難です。

　そこで弊社が提案しているのが，次頁の図にある（下段）のようなエンゲージメント型の新人事評価方式です。従来のように一蓮托生でどれかの段階を無理に選択する評価ではありません。実態を反映させてそれぞれの段階に該当する比率（MAX：100％）を出します。実際の評価点数は，この比率と評価基準と掛け算でポイントを算出すればよいのです。

　この評価方式（下段）で実施すると，（上段）では「3」という結果が，「3.4」という結果に変わります。被評価者からすると，この「0.4」ポイント数値が上がったことが嬉しいのではありません。**4段階や5段階を少ない割合とはいえ，「きちんと見てくれた」＝「評価してくれた」**ことが心に刺さり，これが動機付けのスイッチになります。

　また，このような評価方式を採用することで評価者も良い点を見つけやすくなります。評価者・被評価者ともに高評価である繰り返してほしい行動にフォーカスできるようになります。その結果エンゲージメント向上，ひいては業績向上を実現するための仕組みとして，人事評価を機能させることが可能になるのです。

〔エンゲージメント型人事評価の新方式〕

【従来の人事評価方式】

評価要素	評価基準					評点
	1	2	3	4	5	
ＣＳ （顧客満足）	ＣＳを低下させ、クレームが発生していた	ＣＳを低下させてしまうような業務対応があった	ある程度のＣＳを獲得していた	高いＣＳを獲得し、リピーターを増やしていた	高いＣＳを獲得し、顧客の紹介も獲得していた	3
評価結果			○			3

◆実態に近い評価になかなかならず，納得感が得られにくい

【エンゲージメント型の新人事評価方式】

評価要素	評価基準					評価ポイント
	1	2	3	4	5	
ＣＳ （顧客満足）	ＣＳを低下させ、クレームが発生していた	ＣＳを低下させてしまうような業務対応があった	ある程度のＣＳを獲得していた	高いＣＳを獲得し、リピーターを増やしていた	高いＣＳを獲得し、顧客の紹介も獲得していた	340
評価結果	0　　0	0　　0	70　　210	20　　80	10　　50	340

実態に近い評価ができ，繰り返してほしい行動を促進できる

合計100点に分布

基準の係数を掛ける

　人事評価を単に給与を決めるためだけの道具として見立てるのであれば，従来の評価方式でもいいのかもしれません。エンゲージメントの向上という観点から，従業員に承認報酬を与えたり，成長を促したり，また経営成果という観点から会社として従業員にとってほしい行動を量産させていく。そのためには，従来のような評価方式に疑問を持ち，より目的に合致する方向で改善をしていく必要があります。

❼ 「人事評価フィードバック面談」でエンゲージメントが決まる

　人事評価は制度の「設計面」もさることながら，「運用面」も大切です。どんなに素晴らしい人事評価制度が出来たとしても，運用面が適当だとそ

の良さは何も伝わらず，エンゲージメントは低下します。逆に人事評価制度そのものの完成度が低かったとしても，運用面が効果的だと，エンゲージメント向上を実現することができます。

　この**運用面の最大のカギを握っているのが，本人に評価結果を伝える「フィードバック面談」**です。エンゲージメント調査で，人事評価が課題になっているケースの多くが，このフィードバック面談を行っていなかったり，実施していても中途半端な内容になっています。よって，私たちはこのフィードバック面談の優先度を高め，力を入れなければいけません。

　実際にこれまで本書で事例紹介してきた会社の多くが，このフィードバック面談に精力的に取り組んでいます。弊社もエンゲージメントのカギを握るフィードバック面談のコンサルティングを行い支援しています。効果的なフィードバック面談を行うための知識を解説したり，スキルアップのためのトレーニングを実施しています。

　例えば第6章で紹介した照栄建設では，年2回の人事評価の前に，被評価者向けの説明会を必ず実施します。人事評価を受ける側の社員に対する心構えや役割を，毎回伝え続けています。そして人事評価を行う側の評価者に対しても，もちろん毎回評価者研修を実施し，ウォーミングアップを行った上で，本番の人事評価に臨んでもらっています。

❽ 令和時代に必要不可欠な上司のマネジメントスタイルとは

　先日この照栄建設で第11回目となる評価者研修を行ったときの，貴重なエピソードを紹介します。後ほど解説する「人事評価フィードバック面談・基本フォーム」に従って行うロールプレイングで，ある次長さんが実

施したあとのことです。

「今のフィードバック，すごい心に刺さった」という声が聞こえてきました。どんなロールプレイングがあったのかを尋ねてみると，次のような話でした。

「一緒に取り組んでいこう，という○○次長のメッセージが，とてもいいと思ったんですよ」とのこと。その次長さんはその理由をこう説明してくれました。

 　「昭和の時代は，「あれをやれ，これをやっておけ」で部下を動かすことができた。でも令和の時代はそうはいかない。そんなことをやっていたら，誰もついてこない。だから「一緒に取り組んでいこう」というスタンスを示してあげることが必要だと思うんですよ。」

これは素晴らしい考察だなと，とても感心し全体でも共有したのを今でも覚えています。

たしかにそうだなと，読者の皆さんも共感した方が多いのではないでしょうか？　このように評価者研修を継続してやり続けることで，評価者としてのスキルが着実に上がります。フィードバック面談のロールプレイングでは，このように演じている受講者が，模範的なロールプレイングを行い，先生になることがあるのです。まさに令和の事例は同社の次長さんが言われるように，「**伴走型のマネジメント**」が必要不可欠なことは間違いないでしょう。

❾ 誰でも効果的な人事評価フィードバック面談ができる基本フォーム

このコンサルティングでは，**誰が行ってもこのとおりに進めていけば，**

効果的なフィードバック面談ができる，という「フィードバック面談の基本の型」をレクチャーし，ロールプレイングを実施しています。

　今回はこのコンサルティングの現場でしか公開していない「フィードバック面談の基本の型」を，特別に公開することにしましょう（この基本フォームでは，本人が自己評価も行っている前提になっています）。

　ステップ1からステップ7まであります。効果的なフィードバック面談を実施するには，すべてのステップを割愛することなく，この順番どおり行う必要があります。

　例えばステップ5の「ポジティブフィードバック」と，ステップ6の「改善や成長に向けたフィードバック」を逆にやってはいけません。最初にポジティブな情報を伝え自己肯定感を持たせることで，気持ちの余裕や変革への意欲を持たせることができます。

　これがあってステップ6で「ダメ出し」をすることで，本人もその内容を受容することが可能になるからです。

　評価者研修で評価エラーなどの一般的な知識をいくら学んでも，評価スキルは向上しません。**効果的なフィードバック面談の型を積み重ねる**ことで，型を自分に覚えさせ，ブラッシュアップする必要があります。

　評価者研修をやり続けている照栄建設では，人事評価に関するアンケート調査を行った際，以下のような声が聞かれました。

　「成長シートの項目を見ながら，自身が出来ていないところ，気づかなかったことが確認できてモチベーションアップになると思います。また，フィードバックで上司と，話す場を設けていただけることは大変貴重だと感じました。自分が周りからどのように評価されているのか知ることができます。また日頃感じている疑問や不安を伝えたり，またそれに対して自分だけに助言をしてくれ，自分を

知ってもらえるということは，企業で働く者として安心して仕事に取り組め，自身を向上させようという意欲，会社貢献につながると思います。」

　人事評価の仕組みを効果的に機能させ，エンゲージメント向上につなげるためには，このようにフィードバック面談という運用が必要不可欠になります。

〔誰でも効果的な人事評価フィードバック面談ができる基本フォーム〕

踏むべきステップ	押さえるべき要点
1．アイスブレイク	■直近の出来事を話題にして，本題に入る前にリラックスする雰囲気づくりを行う（プライベートな内容だとより効果的）。
2．目的の共有	■目的があいまいなまま進めていくと，フィードバック面談の成果につながりにくくなる。自社の人事評価制度の目的を明確に伝え，お互いの気持ちや思考を合わせることが必要。
3．サンキューメッセージ	■評価期間中，助かったことや，感謝したいことを，具体的に言葉で伝える。
4．評価結果のフィードバック	■まず率直に会社評価のスコアを伝える。 ■本人評価と会社評価のスコアでGAPがあったものは，その理由を伝える。 ※GAPの理由を説明しないと，被評価者の納得感は低下してしまうので，必ず理由を説明することが重要。 ⇒被評価者には，評価者からの評価については，いったん素直に受け入れるよう，被評価者研修で事前に伝えておくと効果的。

5．ポジティブフィード バック	■人事評価期間中，良かった点をあらかじめ整理してお いた上で，これらを具体的に伝える（※前提条件とし ては，日頃の業務内容を観察している，把握している ことが必須）。 ■良かった点は，3つ以上はフィードバックできるよう にしておく。不十分な場合は，周囲の人に聞いて情報 収集するやり方もある。 ■ここでポジティブメッセージをフィードバックできれ ば，被評価者は，次の「改善や成長に向けたメッセー ジ」を許容でき，改善・成長に向けた建設的な気持ち がつくれるようになる。
6．改善や成長に向けた フィードバック	■本人の成長のために，ダメ出しも必要。まず今後の自 己成長に対して自分自身がどう考えているのか，質問 して話してもらう。 ■被評価者が発言した内容が，評価者が考えている内容 と一致していれば，「そうだね」と肯定し承認する ■評価者が考えている内容と一致していなければ，評価 者の考えをきちんと伝える。 ※改善を促す目的や理由も説明すると，被評価者の納 得度は高まり，動機付けにつながる（ひとつ高い視 点から説明するのも有効）。
7．次回評価までのアク ション	■被評価者の成長や能力開発に必要な具体的なアクショ ンを再確認し，後押しする。 ■一緒に考えるスタンスを示すことが一番重要。

　従業員エンゲージメントとは，「組織への愛着を伴った働きがい」と定義しました。従業員の成長を共に考える仕組みが，組織への愛着を高めないわけはありません。そしてその先に従業員の成長という果実が収穫できれば，働きがいも向上します。人事評価を査定のための仕組みにすることなく，**従業員の成長を支援する仕組みに変換すること**。この差がエンゲージメントが向上するか低迷するかの大きな分岐点になる，といっても過言ではないでしょう。

おわりに

　「従業員エンゲージメント」の講義は，いかがでしたでしょうか？　今，世界的な潮流としても，人的資本の重要性が高まっており，その中核をなすのが，従業員エンゲージメントです。このような背景もあり，「エンゲージメント」という言葉が，少しずつ普及しています。一方で「じゃあ，どうすればよいのか？」，この問いと答えがあまりにも離れすぎている。これが現状の課題だと感じています。

　実際エンゲージメントに，アカデミックな理論が確立されているわけではありません。またCS（顧客満足）のように計算式がシンプルで，ノウハウ情報が豊富にあるわけでもない。よって各社が，暗闇の中を手探りで船頭やナビもなく，エンゲージメントを探し求める旅を始め，やがて迷走してしまっています。

　このような事態に遭遇している企業さんの声を多く聞く中で，本書をつくる必要性をひしひしと感じ，出版を決意するに至りました。

　私たちは学者ではありません。しかしこれまで16年間行ってきた調査やコンサルティングの現場で，学者の研究をはるかに超える研究を，実施してきたと自負しています。

　これも単なる研究で終わっては，やはり意味がありません。再現性を高める法則レベルまで精度を高めながら検証していくことが，私たち専門家には求められるのだと思います。

　本書を執筆するにあたり，この再現性を高める考え方や施策を反映していこうと努めてきました。またこれだけではまだ十分ではないと考え，それらを検証し補完してくれている企業事例をできるだけ多く掲載していこう。このような基本設計のもと，本づくりを進めてきました。

　本書は，これまで16年間のコンサルティングを通じて得られた，エン

ゲージメントに関する「理論」・「施策」・「事例」の３要素で構成されています。特に星野リゾートさんを筆頭に，チロルチョコさんやモスフードサービスさんなど，弊社の顧客企業を中心に10社の貴重な事例の掲載をご協力いただいたことに，本当に心から感謝申し上げます。

　おかげで「エンゲージメントをこれから勉強したい」，「エンゲージメントで壁にぶつかり悩んでいる」，「テーマはエンゲージメントではなかったけど，組織や人事の課題解決を考えている」。こういう方々へ，参考になる教科書に仕上げることができたのではないかと思っています。また業種や規模を問わない，汎用性の高いものをピックアップしてきました。

　本書で参考になりそうな内容があれば，ぜひ実践に移してみてください。その中で，また新たな気づきや解決の糸口，成果につながるヒントが得られることでしょう。小さなものでも構いません。本書を参考にエンゲージメントのPDCAサイクルを回すことができれば，自社の中でエンゲージメントの新たなノウハウが蓄積されていきます。

　著者は昭和生まれですが，読者の皆さんの中には昭和生まれの方も多いのではないでしょうか？　今，時代は，平成も終わり令和の時代。企業評価，マネジメント，人材育成，働き方など，すべての面で昭和・平成の時代に当たり前だったことが，当たり前ではなくなっています。令和時代に企業経営に取り入れていかなければいけないのが「エンゲージメント」です。

　一方で時代が変わっても変わらない普遍的なものがあります。そもそも経営の最終目標は何なのか？　それは「人や社会を幸せにすること」だと思います。それは市場や顧客だけではなく，自社の従業員も含めてあらゆるステークホルダーを対象に考えるものではないでしょうか？

　このエンゲージメントを向上させていく取組みが，必ず従業員の幸福感を増幅させることにつながります。変わりゆく時代の変化に必要なことと，普遍的に変わらないもの。この２つを同時に実現していくものが，エン

ゲージメントです。読者の皆さんの会社で，この意義のあるエンゲージメ
ントに向き合い，実践し，さまざまな成果が生まれることを祈念していま
す。

　最後になりますが，本書を執筆・出版するにあたり，事例掲載企業さん
や出版社など，実にたくさんの方々にお世話になりました。この場をお借
りして心からお礼を申し上げます。ありがとうございました。本書の出版
にご協力いただいた全ての方々へ深く感謝し，筆をおきたいと思います。

【著者紹介】

志田 貴史（しだ・たかし）

1972年生まれ。福岡大学法学部卒業後，上場大手メーカー，経営コンサルタント会社を経て，2007年に「ES・エンゲージメント向上から経営の好循環サイクルをつくる」をテーマとしたコンサルティング事業展開のため，日本初となるES・エンゲージメントに専門特化したコンサルティング会社（株式会社ヒューマンブレークスルー）を設立し，代表取締役に就任する。

中小企業から大企業まで，様々な業種・業界での豊富なコンサルティング実績を持つ。これまで関わった支援企業は500社を超え，クライアント企業の従業員へ実施したアンケートの生声分析は10万人以上にのぼる。コンサルティング後に離職率1％，経常利益率10％超えを達成したクライアント企業は多数あり，日本全国で講演・セミナーも行い，これまでの受講者数は延べ6,000名を超える。

主な著書に『顧客と会社を幸せにするES［社員満足］経営の鉄則』（中央経済社），『会社の業績がみるみる伸びる「社員満足（ES）」の鉄則』（総合法令出版），『ESで離職率1％を可能にする人繰りの技術』（太陽出版）等がある。

〔株式会社ヒューマンブレークスルー〕

著者が代表を務める，日本初のES・エンゲージメントに専門特化したコンサルティング会社。日本を代表する大企業・上場企業から中小企業まで，幅広い層でのコンサルティング実績を有する。近年ではES・エンゲージメントのさらなる普及・促進の一環として，ES・エンゲージメントコンサルタント養成講座を開講し，専門家養成事業も展開している。

〔お問い合わせ〕

E-mail　info@human-breakthrough.jp

URL　　https://www.human-breakthrough.jp

中小企業も実践できる

従業員エンゲージメントの教科書

2023年11月15日　第1版第1刷発行

著　者	志　田　貴　史	
発行者	山　本　　　継	
発行所	㈱中 央 経 済 社	
発売元	㈱中央経済グループ パ ブ リ ッ シ ン グ	

〒101-0051　東京都千代田区神田神保町1 - 35
電話　03 (3293) 3371(編集代表)
　　　03 (3293) 3381(営業代表)
https://www.chuokeizai.co.jp
印刷／㈱堀 内 印 刷 所
製本／侑井 上 製 本 所

© 2023
Printed in Japan

＊頁の「欠落」や「順序違い」などがありましたらお取り替えいた
しますので発売元までご送付ください。（送料小社負担）
ISBN978-4-502-47401-9　C3034

顧客と会社を幸せにする

ＥＳ[社員満足]経営の鉄則

志田貴史 ［著］

＜A5判・184頁＞

非金銭的報酬による ES（社員満足）マネジメントが顧客満足向上や経営目標実現につながる！ 本書では，ES マネジメントの具体的な進め方について，運用事例を交えて解説。

［CONTENTS］

第1章 社員をマーケティングできない会社は衰退する

第2章 ES を高める「非」金銭報酬とは

第3章 ES はこうやってマネジメントする

第4章 ES を牽引するビジョン報酬

第5章 ES を刺激するマネジメント報酬

第6章 ES を醸成する仕事報酬・自己成長報酬

第7章 ES を底上げするコミュニケーション報酬・風土報酬

第8章 ES を補完する環境報酬・福利厚生報酬

第9章 ES に取り組み好業績を出し続ける企業事例

第10章 ES 経営で好循環サイクルを創りだす

中央経済社